聞こしめす	お聞きになる
思《おぼ》す・思《おも》ほす・思《おぼ》しめす	お思いになる
しろしめす	知っていらっしゃる お治めになる
召《め》す	お呼びになる お食べになる (着物を)お召しになる
そばす	なさる
覧ず	ご覧になる
殿《との》ごもる	おやすみになる
る	お食べになる (着物を)お召しになる
る	お食べになる (着物を)お召しになる お乗りになる

承《うけたまは》る	お聞きする いただく
たまはる	いただく
仕《つかまつ》る・仕《つか》うまつる	お仕え申し上げる し申し上げる
たまふ	(補助動詞の用法のみ)★
侍《はべ》り・候《さぶら》《さうら》ふ	お仕え申し上げる

*「たまふ」には「給ふ・賜ふ」、「たぶ・たうぶ」には「給ぶ・賜ぶ」、「たまはる」には「給はる・賜はる」の二つの漢字表記があります。

丁寧語

	本動詞のおもな訳
侍《はべ》り・候《さぶら》《さうら》ふ	あります おります ございます

本動詞と補助動詞

本動詞

本来の動詞。

(例) 扇を給ふ。
御文をたてまつる。
ここにはべり。

補助動詞

他の動詞の直後について、意味を補助する。

(例) 扇を取り給ふ。
御文を見たてまつる。
ここにとまりはべり。

[補助動詞の訳]

尊 =～なさる
お～になる
謙 =～し申し上げる
丁 =～です
～ます
～ございます

荻野文子 著

MADONNAKOBUN

マドンナ古文単語230

PERFECT EDITION

madonna kobun

パーフェクト版

Gakken

はじめに

「なんとかなるさ」で大失敗！ 古語は今や外国語!!

英単語は燃えてがんばる生徒たちも、古語となるとウ～ン面倒くさい……。「どうせ日本語、なんとかなるさ」と、入試に臨んで大パニックを起こします。古語は確かに日本語ですが、言葉は時代とともに変化します。一千年前の日本語は、現代っ子には外国語‼ 重要単語は覚えるしかありません。

重要単語って、どうして重要なの？

重要単語とは「現代っ子には意味不明の語」のこと。具体的には三種類あります。

①現代ではまったく使わない語（例　がり＝～のところへ）
②現代でも使うが、意味が違う語（例　かげ＝光）
③現代でも使うが、受験生世代にとっては死語（例　あまた＝たくさん）

①と③は知らなければわからないし、②は今の意味で取るとトンデモナイ誤訳になります。だから重要！ 逆に言うと、これらの単語以外は、現代語に近い感覚でよいということです。長い文章も、重要単語さえ見落とさなければ、あとは拾い読みでＯＫ。

入試問題は重要単語を狙《ねら》い撃ち!!

落とすことを目的としている入試問題が、これらの単語を集中的に狙い撃ちするのは当たり前のことですね。傍線訳・空欄補充の選択肢・同意語や反意語の選択・多義語の文脈判断など、いろいろなパターンで単語力を試してきます。

完璧主義は挫折する!?　ラフにくり返すのが暗記の近道

一生懸命なのに、覚える先から忘れてしまう……。暗記は苦手と思い込んでいませんか？　忘れるのはみんな同じ。人の頭はイヤなことは忘れるようにできています。

単純な丸暗記は難行《なんぎょう》苦行《くぎょう》。だから私は、語源やゴロ、現代語の例文など、アノ手コノ手を使って楽しく覚えられるように工夫しました。まずは最小限必要な見出し230項目277語をしっかり覚え、そのあと関連語123語を結びつけましょう。全400語をマスターできます。

一度で完璧に暗記するのは絶対にムリ！　何度も何度もラフにくり返すことが大切です。イラストが楽しいカード（別冊）やアプリを使い、すべての単語が頭にそっくり入る日まで、投げ出さない！　諦めない!!

荻野文子

もくじ

参考

本書の特長

POINT 1　ド忘れを防ぐ語源とゴロの暗記

本書は、単語を語源・原義（古語のもとの意味）から説明しています。言葉の成り立ちを知ると、意味がよくわかり、応用もきくからです。また、語源が複雑な場合は、ゴロや現代語の似た言いまわしなどで暗記を助けました。くり返し読むと自然に頭に入ります。

POINT 2　入試の設問パターン別チェック&出題頻度別チェック

設問パターン別に単語を整理しておくと、記憶を取り出す時間が短縮できます。本書は、設問のパターン別に章立てしてあります。

よく出る単語を集中的にくり返すと得点が確実になります。本書は、出題される頻度を★印の数で表しました。同じ数のものばかり拾ってチェックすることもできます。

よく出る漢字や品詞も色で指定しています。さらに、現代語訳も大学入試の難易度別に色分けしました。

POINT 3　現代語の例文で見出し語に全力集中する

単語力がないから単語集を買ったのに、いきなり古文の例文なんて読めません。また、短い古文の例文は前後の文章が乱暴に切断されているため、文脈が不明で頭が混乱します。

本書は、入試頻出の古文の場面を厳選したうえで、見出し語以外を現代語に置き換え、文脈にムリがないようアレンジしました。見出し語のマスターに全神経を集中できます。

POINT 4 関連語・入試情報・参考で知識の幅を広げる

関連のある単語を比較対照して覚えると、それぞれの用法がより明確になります。見出し語のマスターが終わったら、関連語で語彙《ごい》数を増やしましょう。

また、入試情報や参考で理解を深め、知識に余力をつけてください。

POINT 5 いつでもどこでも！ イラスト単語カード&アプリ付き

巻末に単語カードが付いています。いつもポケットに入れて活用しましょう。

スマホのアプリを使って単語カードをチェックすることもできます（詳しい使い方は12ページ参照）。


なお、本書には「敬語」と「古文常識語」は含まれていません。

敬語は表紙ウラの『おもな敬語一覧』を、詳しい用法は姉妹書『マドンナ古文』を参照してください。

古文常識語は姉妹書『マドンナ古文常識217』を参照してください。

おすすめの使い方＆アドバイス

古文が苦手でも大丈夫！
４週間で全部覚えよう！

苦手な人ほど一気にやるのがおすすめです。忘れてしまっても立ち止まらずに進みましょう。本書は古文をゼロから始める人も使える１冊になっています。学年に関係なく、どのタイミングでも使い始められるので、１日も早くスタートを切りましょう！

STEP 1
１週目

覚えようとせずに、通読する！

- まずは、「**すぐに忘れてもいい**」という気持ちで、一気に１冊を読み通しましょう。なぜなら、最初にこの本の全体像を把握することが大切だからです。
- **全体像**がわかると、頭の中に引き出しができるので、あとの暗記がスムーズになります。
- １週目は、関連語や欄外の細かい情報は、見なくて OK です。

STEP 2
２週目

同じように、もう１回通読する！

- １週目と**同じ通読をもう一度**します。１回目に読んだときよりも、頭に入りやすくなっているはずです。
- 毎回、**「例文」コーナー**を最初に見て、単語が使われる場面をイメージしてから本文を読むのもおすすめです。

付属のイラスト単語カードやアプリを活用しよう！

いつでもどこでもできて、
暗記の効率も抜群。
詳しい使い方は
12 ページ参照。

STEP 4

4週目

覚えているものをチェック。覚えていないものを集中的に！

- **索引**をチェック表として活用したり、付属の**イラスト単語カード**や**アプリ**を活用したりして覚えるのもおすすめです。
- 古文読解の学習を進めるうちに、単語の意味がさらに定着していきます。ど忘れしたら、そのつど辞書のように本書で確認し、実戦のなかで自然に覚えていきましょう。

STEP 3

3週目

覚えていこう！自然に覚えているものも…！

- **本格的な暗記にとりかかる**つもりで、1冊を丁寧に読みましょう。
- すでに2回の通読で、印象に残った単語は自然に覚えているはずです。
- **関連語や欄外の細かい情報**にも目を通しましょう。

本書の見方

品詞の省略記号

名	代名	動	形	形動	副	連体	接続	感	助動	格助	副助	終助	接尾	連語
名詞	代名詞	動詞	形容詞	形容動詞	副詞	連体詞	接続詞	感動詞	助動詞	格助詞	副助詞	終助詞	接尾語	連語

＊連体詞…体言（名詞）を修飾する語
＊連語…二つ以上の単語のつながり

出題頻度が一目瞭然

通し番号の上の★印は出題頻度です。

★★★★……最頻出の語
★★★☆……頻出の語
★★☆☆……ときどき出る語
★☆☆☆……まれに出る語

同じ頻度のものだけを拾えば、頻度順に学習することも可能です。

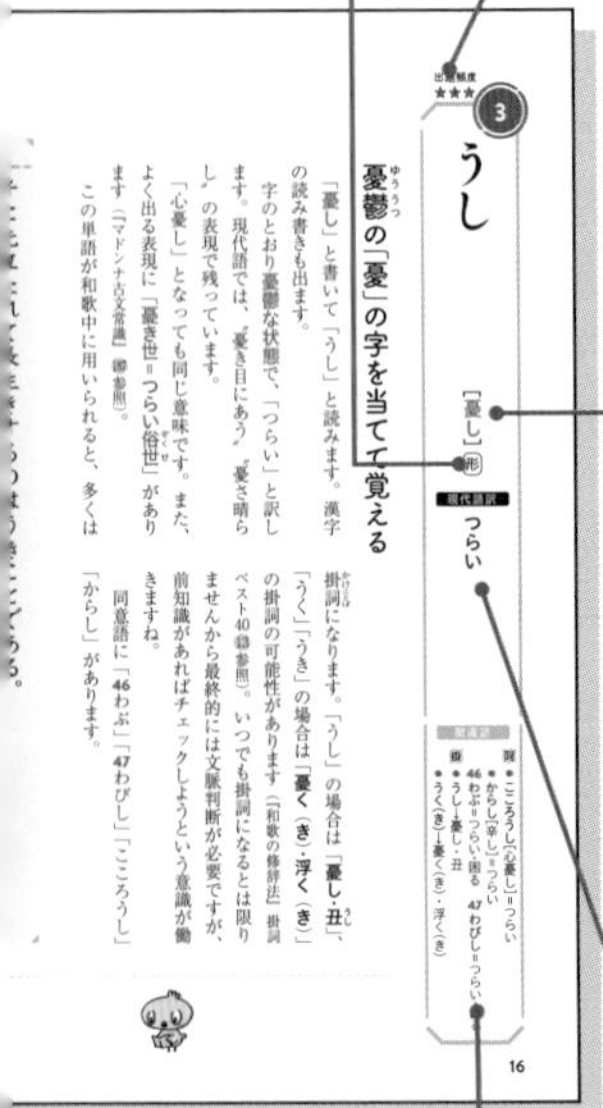

出題頻度 ★★★ 3

うし

[憂し] 形

現代語訳 つらい

関連語
同 ●こころうし[心憂し]＝つらい
●からし[辛し]＝つらい
46わぶ＝つらい・困る　47わびし＝つらい
掛 ●うし↓憂し・丑
●うく(き)↓憂く(き)・浮く(き)

憂鬱《ゆううつ》の「憂」の字を当てて覚える

「憂し」と書いて「うし」と読みます。漢字の読み書きも出ます。

字のとおり憂鬱な状態で、「つらい」と訳します。現代語では、『憂き目にあう』『憂さ晴らし』の表現で残っています。

「心憂し」となっても同じ意味です。また、よく出る表現に「憂き世＝つらい俗世《ぞくせ》」があります（『マドンナ古文常識』参照）。

この単語が和歌中に用いられると、多くは掛詞《かけことば》になります。「うし」の場合は「憂し・丑《うし》」、「うく」「うき」の場合は「憂く（き）・浮く（き）」の掛詞の可能性があります（『和歌の修辞法』掛詞ベスト40参照）。いつでも掛詞になるとは限りませんから最終的には文脈判断が必要ですが、前知識があればチェックしようという意識が働きますね。

同意語に「46わぶ」「47わびし」「こころうし」「からし」があります。

16

入試に出る漢字・品詞は赤字

- 見出しの古語はひらがな（旧かなづかい）で表記しています。
- 同じ枠内に二つ以上の古語が並んでいるときは、すべて同じ意味ということです。
- **漢字表記**　[　]内の漢字は、語源や当て字です。暗記の助けになるときは、積極的に利用してください。特に赤字の漢字は読み書きが入試頻出です。
  なお、[－]は該当する漢字がないということです。
- **品詞名**　□内は品詞名です。特に赤字の品詞名は入試頻出です。

難関対策の訳は灰字

- 訳は頻度・大学の難易度別に色分けしています。
  黒字…全大学に必要な頻出訳
  灰字…出題頻度の低い訳
  　　　難関大学に必要な訳
- 二つ以上の訳があるときは、①②…の丸番号で示しています。
- 丸番号のない訳が二つ以上ある場合は、同じ意味です。覚えやすいものを暗記します。
- ＊印は、意訳・慣用句・微妙なニュアンスなどの補足説明です。

関連語の省略記号

同 同意語　　参 派生語
類 類義語　　　紛らわしい語
対 対義語　　掛 掛詞
反 反意語

数字…本書の見出し語の通し番号
●印…本書の見出し語以外の古語

語源やゴロの赤字で暗記もらくらく

いきなり覚えようとはせず､読んで理解しましょう。何度か通読したら**太字**・赤字に注目！

赤字…語源・ゴロ・暗記のコツ

太字…重要ポイント・特徴

小見出しで古語のイメージをつかむ

小見出しは見出し語の特徴を表す、マドンナ特製フレーズです。特に青字は、語源・勘違いしやすい誤訳・暗記用のゴロなどの、重要ポイント。

何度も使える厳選例文

- **本書を読む前**　まずは例文に挑戦！　現状の実力を確認しておきましょう。このとき、解説（≫印以下）はまだ読まずにおきます。
- **小見出し・本文を読んだあと**　ここで例文に再挑戦！　解説も読んで、理解度を確認してください。文脈に合わせた訳出も意識します。
- **全章を読んだあと**　例文だけをもう一度総チェック！　暗記の定着度を再確認しておきましょう。

かなづかいとカッコ記号

- **かなづかい・ルビ**
  古語……旧かな表記
  現代語…新かな表記
- **カッコ記号**
  「　」…古語・訳語
  〝　〟…語源・現代語

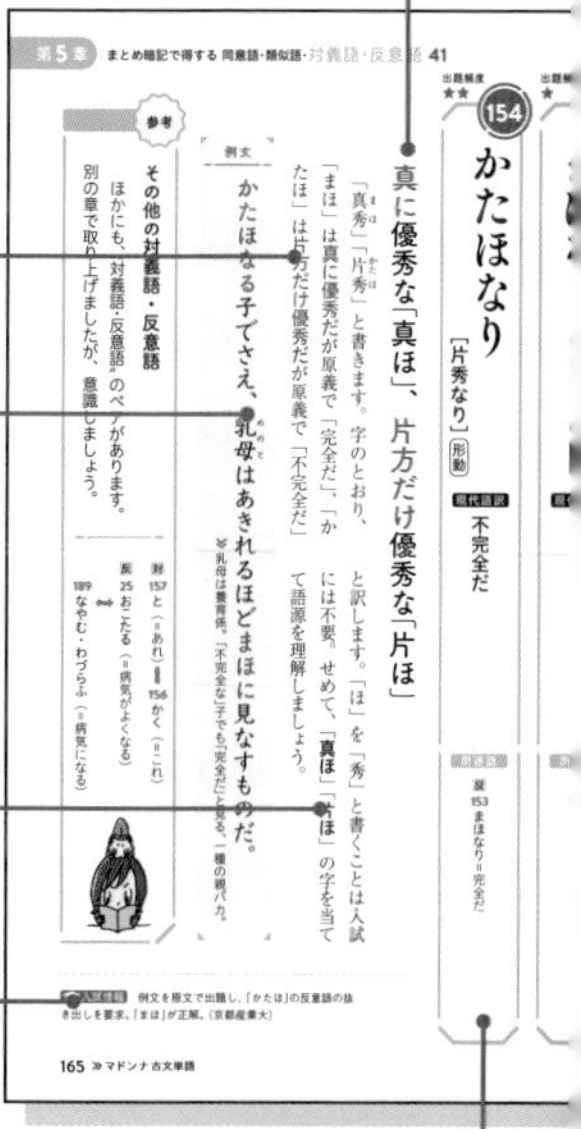
第5章　まとめ暗記で得する 同意語・類似語・対義語・反意語 41

出題頻度 ★★　154

かたほなり ［片秀なり］ 形動

現代語訳　不完全だ

真に優秀な「真ほ」、片方だけ優秀な「片ほ」

「真秀《まほ》」「片秀《かたほ》」と書きます。字のとおり、「まほ」は真に優秀だが原義で「完全だ」、「かたほ」は片方だけ優秀だが原義で「不完全だ」と訳します。「ほ」を「秀」と書くことは入試には不要。せめて、「**真ほ**」「**片ほ**」の字を当てて語源を理解しましょう。

例文

かたほなる子でさえ、乳母《めのと》はあきれるほどまほに見なすものだ。

≫乳母は養育係。「不完全な」子でも「完全だ」と見る、一種の親バカ。

参考

その他の対義語・反意語

ほかにも、〝対義語・反意語〟のペアがあります。別の章で取り上げましたが、意識しましょう。

対 157 と（＝あれ）↔ 156 かく（＝これ）

反 25 おこたる（＝病気がよくなる）↔ 189 なやむ・わづらふ（＝病気になる）

入試情報　例文を原文で出題し、「かたほ」の反意語の抜き出しを要求。「まほ」が正解。（京都産業大）

反 153 まほなり＝完全だ

165 ≫マドンナ古文単語

欄外の入試情報もチェック

入試で役立つ予備知識をインプットすることができます。

セットの見出し語はまとめ暗記

同意語・類似語・対義語・反意語など、まとめて覚えたほうが効果的なものは、見出し語をセットで並べています。比べながらより深く理解できるように、説明も一括しました。

スマホでいつでもできる！

マドンナ古文単語アプリの使い方

アプリの始め方

❶ スマートフォンやタブレットで右の二次元コードを読み取り、LINE 公式アカウント「学研 高校 Study」が表示されたら、LINE の友だちに追加する。

❷ トーク画面の「メニュー」を選び、一覧から『マドンナ古文単語 230』をタップする。

※通信料はご利用者のご負担となります。

付属の「イラスト単語カード」が、アプリでできる！「全体からランダム出題」のほか、「各章ごとの出題」、「チェックした単語の中から出題」など、出題範囲も選択できる。

こちらも便利！

マドンナ古文単語 耳から覚える音声講座

https://webgk.gakken.jp/madonna/kobun230/

左の二次元コードもしくは検索でアクセスしよう！

まるで、マドンナ先生の集中講座！
音声ダウンロードもしくはブラウザ上で再生して、本書と連動した音声講座を聞くことができる。

カードで覚えたい人はこちら！

別冊 イラスト単語カード

- 別冊のカードを１枚ずつミシン目に沿って切り離し、手持ちのリングでまとめれば、持ち歩きしやすい暗記カードに！
- 通し番号順（色別）にすると「設問パターン別」、★印の数順に並べると「出題頻度順」、ほかにも「50 音順」「品詞別」「逆引き」など、自由に組み替えて多角的にチェックできる。

第1章

すぐに得点できる 一発必答語37

　一つの訳さえ覚えておけば、すぐに得点できる頻出語を集めました。

　もともと訳が一つしかない語群・二つの訳があるけれど一方の訳に出題頻度が集中している語群です。

　傍線訳で出題されることが多く、出たら迷わず即答できる確実な得点源です。逆に言うと、これらの単語で失点するのは致命的。「答えられなきゃ受験生をヤメちまえ！」と言われる単語です。

出題頻度 ★★★

1

けしき

［気色］名

現代語訳 様子

＊「機嫌《きげん》」「意向《いこう》」などの意訳もある。

関連語

景色は出ない、出るのは「気色《けしき》」!!

「気色」の漢字の読み書きも問われます。VIEW《ヴュウ》の景色ならわざわざ設問にあげません。「気色」とは空気の色、つまりは**気配**《けはい》や**雰囲気**や**様子**のことです。どんな場面にでも当てはまる訳として「様子」を覚えておきましょう。

自分で訳す場合は「様子」とさえ訳しておけばよいのですが、選択肢の場合——特に「（人物）の気色」のとき——は意訳されていることもあります。たとえば、意見がありそうな様子であれば「意向」、怒りや喜びや快・不快などの気持ちが抑えきれない様子であれば「機嫌・顔色」、行動を起こしそうな様子であれば「そぶり・気配」などと意訳するのです。こんな意訳をいちいち覚えたらキリがありません。その**人物の様子が文脈上どうなのか**をつかんで、適切な選択肢を臨機応変《りんきおうへん》に判断しましょう。

例文

寄せては返る波のけしきもたいへん趣《おもむき》深い。

≫波の〝景色〟は変。「気色」と書いて「様子」と訳す。

入試情報 天皇が主催の歌合〈うたあわせ〉で、二人の歌人の優劣を決めかねた審査員が「天気」をうかがった。「天皇の気色」のことで「天皇の様子・意向」。（立命館大ほか）

出題頻度 ★★★

2

かげ

【影】 名

現代語訳

光

＊みずから光を発するものに限る。

関連語

光を発するものにSHADOW《シャドウ》はない

SHADOWの影の意味で使われることもありますが、まったく逆の「光」という意味も持っています。明暗にかかわらず光線によってできる像を、古語ではすべて「影」と言ったのです。

入試でわざわざ設問にあげる場合は、現代語と同じ意味ではききません。特に**みずから光を発するもの**――月・星・太陽・炎・灯《ともしび》など――が描写されていて、その「影」となっているときには必ず「光」と訳してください。だって、光を放っている物体そのものにはSHADOWの影はありませんからね。

頻繁に出題されているのは「**月（の）影**」「**星（の）影**」です。まれに「夕日の影」も出ますが、どれも「光」と訳す同種の問題です。

例文

木《こ》の間《ま》から漏《も》れてくる月のかげを見る。

≫月に影はない。輝くものの「かげ」は「光」のこと。

参考　同音の別の単語に「陰」「鹿毛」があり、和歌では掛詞になることもある。「陰」は物陰・木陰などのこと。「鹿毛〈かげ〉」は茶色の馬の毛で、灰色の「葦毛〈あしげ〉」とともに「馬」の縁語になる。

出題頻度 ★★★

3

うし

［憂し］ 形

現代語訳

つらい

関連語

同
● こころうし［心憂し］＝つらい
● からし［辛し］＝つらい
● **46** わぶ＝つらい・困る　**47** わびし＝つらい・困る

掛
● うし→憂し・丑
● うく（き）→憂く（き）・浮く（き）

憂鬱《ゆううつ》の「憂」の字を当てて覚える

「**憂し**」と書いて「うし」と読みます。漢字の読み書きも出ます。

字のとおり**憂鬱な状態**で、「つらい」と訳します。現代語では、〝憂き目にあう〟〝憂さ晴らし〟の表現で残っています。

「心憂し」となっても同じ意味です。また、よく出る表現に「**憂き世**＝**つらい俗世《ぞくせ》**」があります（『マドンナ古文常識』187参照）。

この単語が和歌中に用いられると、多くは掛詞《かけことば》になります。「うし」の場合は「**憂し・丑《うし》**」、「うく」「うき」の場合は「**憂く（き）・浮く（き）**」の掛詞の可能性があります（『和歌の修辞法』掛詞ベスト40 13参照）。いつでも掛詞になるとは限りませんから最終的には文脈判断が必要ですが、前知識があればチェックしようという意識が働きますね。

同意語に「**46**わぶ」「**47**わびし」「こころうし」「からし」があります。

例文

子に先立たれて長生きするのはうきことである。

»「憂し」の連体形「憂き」。「つらい」の意味。

出題頻度 ★★★

4

ことわり

［理］名

現代語訳

道理

関連語

参

5 ことわる動＝説明する

71 わりなし＝①筋が通らない・無理だ ②どうしようもない しかたがない

みんなが納得するような正しい論理

「理」と書いて「ことわり」と読みます。漢字の読み書きも頻出です。音につられて現代語の〝断り〟と勘違いしないように気をつけてください。

「理」の字は〝真理・原理・論理〟などと使うように、物事の正しい筋道や当然そうなるに決まっている法則性を意味します。もっと簡単に言えば、だれもが**もっともだと納得するような正しい考え**のことです。

「ことわり」は入試では「道理」と訳すのが一般的で、この**はまり訳を丸暗記**するしかありません。現代っ子にはピンとこない訳なので、心の中で「もっともなこと・正しいこと」というニュアンスを意識しながら暗記することを勧めます。

同じ語源から生まれた「5 ことわる」「71 わりなし」も参照してください。

例文

驕《おご》る者は必ず滅びるのがこの世のことわりだ。

≫権勢はいつまでも続かないというのが、この世の「道理」だ。

入試情報 例文のような考えを“盛者必衰の理〈じょうしゃひっすいのことわり〉”という。仏教的無常観の一つ。現古融合問題には必要な知識。(早稲田大)

出題頻度 ★★★

5

ことわる［理る・断る］動

現代語訳
説明する

関連語
参 4 ことわり 名 ＝道理

事柄を割って細かく「説明する」

語源は〝事割る〟で**事柄を割って細かくする**ところから、「説明する」と訳します。特に、筋道を立てて解説したり、物の道理を説《と》いたりするようなときに使います。

漢字は「理る」もしくは「断る」と書きますが、読み書きを要求されることはありません。ただ、文章中に「断る」の漢字が出てきた場合、現代語の拒絶の〝断る〟と取り違えないように注意してください。**断定的に語る**というニュアンスで、やはり「説明する」と訳します。

動詞「ことわる」の名詞に「**4** ことわり［理］＝道理」があります。品詞違いの関連語なので語源理解のために触れましたが、どちらもそれぞれに出題頻度が高いので、最終的には即答できるように別々に**はまり訳を丸暗記**しておくことを勧めます。

例文

「それは関東人と関西人の気質の違いだ」とことわる。

≫古語には〝拒絶〟の意味はない。「説明する」の意味。

出題頻度 ★★★

6

げに

［実に］副

現代語訳 本当に

関連語

参 ●げにげにし［実に実にし］形 ＝本当らしい

「実《げ》に」の漢字を覚えると訳もできる

「実に」と書いて「げに」と読みます。漢字の読み書きも入試に出ます。その字の示すとおり**真実だ**ということですから、「本当に」と訳してください。本当にそのとおりだと納得するようなときに使います。二つ重なった「実《げ》に実《げ》にし＝本当らしい」も覚えておきましょう。

注意事項があります。たとえば「さびしげ・に」などのように、形容詞（例では「さびし」）に「〜げに」がつく単語がたくさんあります。訳せば別ものだとわかりますが、こちらは「さびし気《げ》に」で「さびしそうに」という意味ですね。

難関大学は品詞の区別もききます。「実に」は**副詞**。一方、「さびしげに」は形容動詞「さびしげなり」の連用形です。「**形容詞＋〜げに＝形容動詞**」と覚えておけば、「眠たし＋〜げに＝眠たげに」など応用できます（『マドンナ古文』第10章参照）。

例文

噂《うわさ》には聞いていたが、げに立派な人である。

≫「実に」と書く。「本当に」立派な人だと納得している。

入試情報　副詞「げに」と形容動詞「〜げに」の区別は、文法問題に頻出。また、「げに」以外にも「に」で終わる副詞が出る。20ページ入試情報を参照。

出題頻度 ★★★

7

ことに

［殊に］副

現代語訳

特に

関連語

参

●ことなり［殊なり］形動＝特別だ

「こと」の漢字を意識する

「**殊に**」の漢字を当てて覚えましょう。読み書きも頻出です。字のとおり**特殊**であることを意味し、「特に」と訳します。入試の出す「ことに」は、圧倒的にこの意味・この漢字です。ただし、超難関大学が「こと」に線を引いて漢字を当てさせるときは要注意です。古文では「こと」と読む漢字が四つあります。事柄・事件の「**事**」、言葉の「**言**」、特殊の「**殊**」、異なるの「**異**」です。たとえば「おもひことによせて」の場合、「思ひ**事**に寄せて＝事件に思いを馳《は》せて」「思ひ**殊**に寄せて＝特に思いを寄せて」「思ひ**言**に寄せて＝思いを言葉に託《たく》して」「思ひ**異**に寄せて＝思いを違うほうへ走らせて」の四通りに取れますね。

これは極端なケースですが、紛らわしい「ことに」は、前後の文脈をよく見て漢字を当てましょう。

例文

多くの美しい女たちのなかでも**ことに**美しい人である。

»「なかでもとりわけ」の文脈。「殊に」の字で、「特に」美しい人である。

入試情報　「に」で終わる副詞は、文法問題に頻出。重要単語の「6げに・7ことに・45さすがに・116さらに」はまとめて暗記！ ほかに「いかに・すでに・つひに・まさに」。『マドンナ古文』第10章参照。

出題頻度 ★★★

8

あからさまなり

【離ら様なり】 形動

現代語訳

ちょっと・しばらくの間《あいだ》

関連語

参 203 かる［離る］＝離れる

チョットその場を離れる様子

「あから」は動詞の「離《あか》る」。「離ら様」とは**離れる様子**ということで、一度離れる様子に見えるがすぐに戻ってくるというのが語源です。そこから「ちょっと・しばらくの間」と訳します。

〝露骨に〟という意味で現在私たちが使っている〝あからさまに話す〟などの用法は平安・中世にはありません。**現代語の意味とは違う**ということを強く意識してください。

例文

あからさまに抱いてあやすうちに、幼児が寝つくのはかわいい。

≫古文では〝露骨に〟の意味はない。「ちょっと」抱いて。

出題頻度 ★★★

9

そらごと【空言・虚言】名

現代語訳

嘘《うそ》

関連語

参 ●そら涙＝嘘泣き　●そら寝＝たぬき寝入り

参 ●そら音《ね》＝鳴きまね　●そら咳《しはぶき》＝空咳《からぜき》

●そらなり＝うわのそらだ

●そらに＝暗記して・そらんじて

空虚な言葉とは「嘘」

「そらごと」は「空言」「虚言」と表記します。漢字が二つありますが、「**虚言**」のほうを暗記しておけば、漢字の読み書きはクリアできます。というのは、「空言」は読んでそのままなので読みは出さないのです。漢字はどちらを書いてもよいのですから、「虚言」が書ければＯＫですね。

意味は字のとおりです。**空虚な言葉**とは、つまり「嘘」のこと。「虚言」は今はキョゲンと音読みしますが、意味はまったく同じですね。

難関大学志望者は「そら涙＝嘘泣き」「そら寝＝たぬき寝入り」「そら音《ね》＝鳴きまね」「そら咳《しはぶき》＝空咳《からぜき》」などの「**そら〜」型の派生語**にも機敏に対処しましょう。

なお、これとは別の単語に「空《そら》なり＝うわのそらだ」「空《そら》に＝暗記して・そらんじて」があります。

例文

彼が私に言ったことはそらごとではなかった。

≫「虚言」と書く。文字どおり「嘘」のこと。彼の言葉は「嘘」ではなかった。

入試情報　「そらごと」の「ごと」は言葉の「言」。20ページ本文で触れたように、「こと」に漢字を当てさせる問題が出ることがある。意識しておこう。

出題頻度 ★★★

10 ひがこと ひがごと

［僻事］名

現代語訳
間違い

ヒガム・ユガムと同語源

「僻事」と書いて「ひがこと」もしくは「ひがごと」と読みます。漢字を書かされることはほとんどありませんが、読みはたまに問われることがあります。

「ひが」は、現代語の〝**ひがむ**〟〝**ゆがむ**〟と**語源が同じ**で、**まっすぐなものがねじれ曲がる**ことを意味します。「僻事」で「間違い」と訳しますが、まっすぐ正しいことをゆがめたり曲げたりすることだと語源を理解しておけばよいですね。

また、この「ひが」を二度重ねた「僻僻し《ひがひが》＝間違いだ」も一緒に覚えておきましょう。

難関大学志望者は「**ひが〜**」**型の派生語**にもピンときてください。「ひが耳＝聞き違い」「ひが覚え＝記憶違い」「ひが心＝①ねじけ心 ②考え違い・誤解」などです。

例文

贅《ぜい》沢《たく》な暮しをしている政治家が貧しい盗人を罰するのはひがごとだ。

≫処罰は「間違い」だ。貧困をなくす政治をするのが先決だと言いたいのである。

関連語

参
- ひがひがし［僻僻し］＝間違いだ
- ひが耳＝聞き違い
- ひが覚え＝記憶違い
- ひが心＝①ねじけ心 ②考え違い・誤解

入試情報 「ひがこと・ひがごと」の「こと・ごと」は、事柄の「事」。20ページ本文で触れた「こと」の漢字問題に出たことがある。（同志社大・関西学院大ほか）

出題頻度
★★★
11

やむごとなし

[止む事無し] 形

現代語訳

身分が高い・尊い

＊「やんごとなし」の表記もある。

関連語

類 12 あてなり＝高貴だ・上品だ

止《や》めることのできない高い立場

「やむごとなし」は「止《や》む事《こと》無し」がなまってできた言葉です。**やめるわけにはいかない重要ポスト**というのが語源で、「身分が高い・尊い」と訳します。

「やんごとなし」と表記されることもありますが、意味は同じ。昔は語り文学が多かったので、「**む**」と「**ん**」が聞き取りにくく、書きとめる人が「む」と書いたり「ん」と書いたりしたのです。

類義語に「**12**あてなり」があります。

余談ですが、「やむごとなし」は最高位の人々に、「あてなり」はその次に位置する高位の人々に使われます。例文のような「やんごとなき」女性は、とびきり身分の高い家柄の箱入り娘で、親の了承なしには男女交際もできません。男性が軽い気持ちで近づこうものなら、父親が政治権力を使って男を失脚させることもあります。

例文

やんごとなき女性とは遊びではつき合えない。

≫「身分が高い」女性とは、結婚が前提でなければ交際できない。

出題頻度 ★★★

12 あてなり

［貴なり］ 形動

現代語訳

高貴だ・上品だ

関連語

同 ●あてはかなり・あてやかなり ＝高貴だ・上品だ

類 11やむごとなし＝身分が高い・尊い

参 ●あてびと＝高貴な人

「貴《あて》」の読み書きも入試頻出

「**貴**」と書いて「あて」と読みます。漢字の読み書きも出ます。字のとおり「高貴だ・上品だ」という意味。

「あてはかなり」「あてやかなり」となっても意味は同じです。また、「**あてびと**［貴人］＝**高貴な人**」も覚えておきましょう。

「**11**やむごとなし」は類義語。

例文

あてなる男に娘を嫁《とつ》がせるのが父の夢だった。

≫娘を「高貴な」男性と結婚させるのが父の夢だった。

出題頻度 ★★★

13

しるし

[験] 名

現代語訳

効果・効きめ

＊「げん」とも言う。

関連語

同 ● **げん**[験]＝効果・効きめ

参 ● **験者《げんざ》**＝加持を行って病気を治す者・修験者《しゅげんじゃ》

参 **190** ● **しるし**[著し]＝顕著だ・はっきり現れている

試験・実験の「験」ってどんな意味？

「しるし」は「**験**」と書きます。「験」は、訓読みで「しるし」、音読みで「げん」とも読みます。出題頻度は漢字の読み書き・意味ともに「しるし」のほうが圧倒的ですが、念のために両方とも覚えておきましょう。

どちらの読みでも同じく「効果・効きめ」と訳します。今も「験」の字は〝試験・実験〟で使っていますね。勉強の効果を試すのが試験、理論の実際の効きめを確かめるのが実験ですから、根本的な意味は変わりません。

仏教的な場面、特に**病気の快癒《かいゆ》のために加持《かじ》祈禱《きとう》をする場面**などでは、「しるし」「げん」は「**加持の効きめ**」を意味します。また、加持の効きめによって病気を治す修行《しゅぎょう》をした者を「験者《げんざ》」と言います（『マドンナ古文常識』202参照）。

紛らわしい語に**190**しるし[著し]があります。

例文

懸命の祈りのしるしだろうか、病気が治った。

≫「験」と書いて「しるし」。祈禱の「効きめ」のこと。

出題頻度 ★★★

14

おろかなり

［疎かなり］ 形動

現代語訳

いいかげんだ・不十分だ

＊慣用句
・いふはおろかなり
＝いくら言っても言い尽くせない
・おもふもおろかなり
＝いくら思っても思いが尽きない

関連語

参 37 をこなり＝ばかだ・愚かだ

古語の「おろか」は現代語のおろそか

現代語と同じ「愚かだ」の訳は入試には出ません。設問にあがるのは「いいかげんだ・不十分だ」の意味。こちらは、今は〝おろそか〟と言っています。

この単語は単独で設問にあがることもありますが、多くは「**〜といふ…おろかなり**」「**〜とおもふ…おろかなり**」の慣用表現で問われます。「…」の部分には「は」「も」「ば」「と」などの助詞が、「〜」の部分には感情表現が入って、たとえば「うれしといふはおろかなり」「悲しとおもふもおろかなり」などとなります。直訳は「〜と言っても（思っても）不十分だ」となりますが、美しく意訳して「**いくら言っても言い尽くせない**」「**いくら思っても思いが尽きない**」と訳します。全体で、**その感情の最上級**（最高にうれしいetc.）の表現になります。

例文

ひとりぼっちになった心細さはいふもおろかなり。

≫慣用表現。「いくら言っても言い尽くせない」。心細さの最上級。

入試情報 応用編は「こともおろかなり」。「こと」に20ページ本文で触れた漢字「言」を当てるとわかる。（同志社大）
「いへばおろかにて」が、直後の傍線訳のヒントに。（共通テスト）

出題頻度 ★★★

15

さはれ さばれ

［さはあれの約］ 感

現代語訳

どうでもいい
どうにでもなれ
ままよ

関連語

サバッとサハやかに「どうでもいいや！」

悩んでもどうすることもできなくて、投げやりになることってあるでしょう？「ええい、もう面倒くさい。どうにでもなれ！」というような**ヤケクソ状態の開き直り**。それが「さはれ」「さばれ」です。

語源は〝さはあれ（＝それならそれでいい）〟がつづまって「さはれ」ができ、さらに濁音化して「さばれ」ができたと言われていますが、そんなややこしい語源を覚えるのは面倒です。「悩みを投げ出して**サバ**ッと**サハ**やかになる感じ」とゴロで覚えましょう。

自分で訳すときは「どうでもいい・どうにでもなれ」と訳せばいいのですが、選択肢の場合は「**ままよ**」という古めかしい訳が圧倒的です。「なるがままよ」ということだと理解して、きちんと暗記しておきましょう。

例文

身に覚えのない中傷《ちゅうしょう》は「さばれ」と受け流す。

» いわれのない中傷は「どうでもいい」と気にしない。

入試情報 感動詞については、155ページの入試情報を参照。

出題頻度 ★★★

16

さうざうし

［索索し］ 形

現代語訳

物足りない・心寂しい

関連語

参

123 かまし・かしまし・かしがまし
かまびすし＝やかましい

124 らうがはし＝①乱雑だ ②やかましい

サウザウは梢《こずゑ》を吹く風の心寂しい音

「さくさくし［索索し］」がウ音便《おんびん》化して「さうざうし」になりました。もとの語は覚える必要はありません。

「さくさく」「さうざう」は梢を吹く風の**サワサワ**という音だと語源を理解しておきましょう。**ひとりぼっちで小さな葉ずれの音を聞いている**というイメージで、「物足りない・心寂しい」と訳します。

現代語の〝騒々しい〟と勘違いしないように気をつけましょう。

ちなみに「やかましい」と訳す単語は「123かまし・かしまし・かしがまし・かまびすし」「124らうがはし」です。

例文

妻があまりにも堅苦しいので、夫はさうざうしく思う。

≫妻がうち解けてくれないので、夫は「物足りない・心寂しい」と思う。

出題頻度 ★★★

17

をさをさ〜 打消 [ー] 副

現代語訳

ほとんど〜ない

関連語

参 224 をさをさし＝大人びている しっかりしている

116 さらに〜打消・よに〜打消・よも〜打消・つゆ〜打消・ゆめ〜打消・ゆめゆめ〜打消＝まったく〜ない

99パーセントの否定

打消・否定語を伴って「ほとんど〜ない」と訳します。古語には打消を伴う語がたくさんありますが、その大半は「まったく〜ない」と訳す全面否定（136ページ参照）。それに対して、**「をさをさ〜打消」は99パーセント否定**です。違いを強く意識しておきましょう。

紛らわしい語に「**224**をさをさし」があります。

例文

春の夕暮れの美しさは秋のそれにをさをさ劣らず。

≫春の夕暮れも秋の夕暮れに「ほとんど劣らず」美しい。

入試情報 「をさをさ〜打消」は、呼応（陳述）の副詞として文法問題にも出る。詳しくは、182〜183ページ参照。

出題頻度 ★★★

18

まもる

［目守る］ 動

現代語訳

見つめる・じっと見る

＊「まぼる」の表記もある。

関連語

「目《ま》守《も》る」の漢字で覚える

「まもる」は「**目守る**」と書きます。「目」を「ま」と読む例は〝目《ま》の当たりにする〟がそうですね。「守る」を「もる」と読む例には〝子守《も》り〟の「守り」があります。「目守る」の漢字を覚えておけば、「見つめる・じっと見る」の訳は簡単です。特に「**目**」**の字を強く意識**しましょう。

「まもる」を「まぼる」と表記していることもあります。古語にはマ行とバ行の混同の例が多く見られます。たとえば、「けむり―けぶり」「ねむる―ねぶる」「かたむく―かたぶく」などです。もともとはバ行のほうが圧倒的だったのですが、バ行の発音は上下の唇を破裂させて出す面倒くさい音なので、発音に手抜きが起こり、だんだんとマ行に変わっていったのです。

こんな経緯は入試には出ませんが、バ行をマ行に変えると意味がわかることも…。

例文

虫の好きな姫君は、毛虫を籠《かご》に入れて昼も夜もまもる。

»「目守る」の字。観察のため毛虫を「じっと見る」のだ。

出題頻度 ★★★

19

としごろ

【年頃・年来】 名

現代語訳

長年・数年

関連語

参
● 月ごろ＝数か月
● 日ごろ＝数日

お年頃ではない！「数年来《すうねんらい》」の意味

「**年頃**」または「**年来**」と書いて「としごろ」と読みます。漢字の読み書きも出ます。「長年・数年」と訳してください。

「年来」の字のほうは、〝彼とは数年来の友だち〟などと今でも同じ意味で使っています。今はネンライと音読みしますが、古語では「としごろ」。読みの違いを意識しましょう。

逆に「年頃」のほうは、読みは今と同じですが、意味を取り違える危険性があります。今は〝そろそろ結婚のお年頃〟などと適齢期の意味で使いますが、古語にこの用法はありません。気をつけましょう。

ついでに、「月ごろ＝数か月」「日ごろ＝数日」も覚えてください。「**〜ごろ＝数〜**」のパターンは同じです。

「ふだん」の意味の「日ごろ」もありますが、出題されることはありません。

例文

としごろ気にかけていた女がほかの男と結婚してしまった。

≫〝適齢期〟を気にする女という意味ではない。「長年」好きだった女。

出題頻度 ★★

20

あまた

［数多］副

現代語訳

たくさん

たくさんあって数が余った！

「あまた」は数が余ったというのが語源。「たくさん」と訳します。今でも〝引く手あまた〟は使います。誘いが「多い」ことですね。

同意語には「ここら」「そこら」「そこばく」があります。ついでに、「ここら」「そこら」の「ら」は〝ボクら〟と同じ、**複数を表す語**と覚えておきましょう。「137 そこばく」は157ページで説明します。

例文

あまたある兄弟のなかで、最も頼れるのは長兄である。

» 数が〝余った〟が語源。「たくさん」いる兄弟のなかで。

関連語

同
● ここら＝たくさん
● そこら＝たくさん
137 そこばく＝たくさん

出題頻度 ★★

21

かきくらす

［掻き暗す］動

現代語訳

悲しみにくれる

関連語

類 ● 袖《そで》を絞《しぼ》る＝泣く

胸を掻《か》きむしるほどの悲しみで心が暗い

「掻き暗す」と書きます。**胸を掻くほどの悲しみで心が暗くなること**で、「悲しみにくれる」と訳します。

うっかりすると、〃暮らす〃と勘違いしそうになります。漢字の読み書きが出るわけではありませんが、訳を間違えないためには漢字で覚えるのがベスト。特に「**暗す**」**の字を強く意識**して暗記しておくと、ミスが防げます。

余談になりますが、平安・中世の文学に登場する人々は、男も女もよく泣きます。政変によって不遇の身になったり、愛する人と病死や戦死で別れたり、ほかの恋人の出現で失恋したり…。激しい悲しみの場面に「かきくらす」がよく出てきます。「涙で目の前が暗くなる」などの意訳もあります。

このほかに「袖《そで》を絞《しぼ》る＝泣く」の表現も類義語として知っておきましょう。

例文

この部屋に入ると亡き恋人を思い出してかきくらす。

» 「掻き暗す」の字。心が暗く「悲しみにくれる」。

出題頻度 ★★

22

けしう(は)あらず

［怪しう・異しう］ 連語

現代語訳

悪くはない

関連語

同 145 よろし＝悪くない

関西弁けったいなの「け」と同語源

関西弁では変な人のことを〝けったいな人〟と言いますね。「けしう（は）あらず」の「け」は、**けったいなの「け」と同じ語源**です。あえて漢字にすれば「怪《け》し」もしくは「異《け》し」で、〝変な・ほかと違う〟という意味です。

「ず」は打消ですから、「けしう(は)あらず」全体を直訳すると〝変ではない〟ということになり、これを意訳して「悪くはない」と訳します。まわりくどい言い方ですが、「悪くはない」とは〝そこそこよい〟ということです。

ド忘れを防ぐために、またニュアンスを理解してもらうために、いろいろなことを言いました。が、選択肢は「悪くはない」のはまり訳が圧倒的ですから、**最終的には訳を丸暗記**してください。

同意語には「145よろし」があります。

例文

ある男が、けしうはあらぬ女を好きになった。

»「悪くはない」がはまり訳。そこそこイイ女だったのだ。

出題頻度 ★★

23 おとなし

［大人し］形

現代語訳

大人らしい・分別《ふんべつ》がある
大人びている・大人っぽい

関連語

同 224 をさをさし＝大人びている
しっかりしている

反 118 いとけなし・いときなし・いはけなし
＝幼い

「おとなし」は「大人《おとな》し」と書く

物静かの〝おとなしい〟ではありません。古語の「おとなし」は「大人し」です。字のとおり、**大人の性質を備えている**ことを意味します。現代語と取り違えないように、漢字を当てて覚えましょう。

大人が主語の場合は「大人らしい・分別がある」と訳し、**子ども**が主語の場合は「大人びている・大人っぽい」と訳します。

同意語は「**224**をさをさし」。

例文

彼はまだ十歳だが背丈が大きく、おとなしく見える。

≫「大人し」と書く。十歳のわりに「大人びている・大人っぽい」。

出題頻度 ★★

24

ときめく

［時めく］動

現代語訳

時流に乗って栄える
寵愛《ちょうあい》を受ける・重用《ちょうよう》される

関連語

参
● ときめかす 他動 ＝寵愛する・重用する
● ときのひと［時の人］＝時流に乗って栄える人
221 おぼえ＝①評判 ②寵愛

今を時めく秘訣《ひけつ》は権力者の寵愛・重用

胸がドキドキすることではありません。「ときめく」は「時めく」。**その時代に出世した人**を〝今を時めく人〟と言いますね。つまり「時流に乗って栄える」ことです。

昔は、〝男の出世〟は**より身分の高い役職**につくこと、〝女の出世〟は**より身分の高い男と結婚**することでした。昔の出世は実力本位ではなく、**権力者にかわいがられる**ことによって成し遂げられます。そこで、古語の「ときめく」は「寵愛を受ける・重用される」とも訳されます。

逆に、権力者側から言うと、相手を「ときめく」ように「させる」わけですから、「ときめかす」ということになります。こちらは「寵愛する・重用する」と訳します（『マドンナ古文常識』68参照）。

「ときめく」は**自動詞**、「ときめかす」は**他動詞**です。

例文

天皇の多くの妻のなかでも、特にときめく女性であった。

≫〝胸ドキドキ〟ではない。天皇の「寵愛を受ける」女性。

出題頻度 ★★

25

おこたる

【怠る】動

現代語訳
病気がよくなる

病原菌が怠けると「病気がよくなる」

〝努力をおこたる〟と言うように「怠ける」の意味もありますが、現代語と同じ意味を入試でわざわざ問うことはまずありません。

設問にあがるのは「病気がよくなる」のほう。**病原菌が怠ける**という発想から生まれた意味です。

反意語は「**189**なやむ・わづらふ」。

病気を治すために、昔の人はよく**加**《か》**持**《じ》**祈禱**《きとう》をしました。病原菌の正体は物《もの》の怪《け》で、物の怪が取り憑《つ》くと病気になると考えました。だから、祈って物の怪を退治《たいじ》しようとするわけです。

「おこたる」という単語はそういう場面によく出てきますから、背景知識として知っておきましょう（『マドンナ古文常識』200 201参照）。

例文

長く病に伏せっていたが、最近になっておこたる。

≫怠けるのは病原菌。「病気がよくなる」と訳す。

関連語

反 **189** なやむ・わづらふ＝①悩む ②病気になる

出題頻度 ★★

26

あきらむ

［明らむ］動

現代語訳
明らかにする

関連語

「明《あき》らむ」の漢字で覚える

「あきらむ」は「**明らむ**」と書きます。〝**明らか**〟の「**あきら**」**と同語源**です。漢字を当てて「明らかにする」の訳を覚えましょう。今の私たちが使う、ギブアップの〝諦める〟という意味ではありませんから注意してください。

この単語は特に**評論文**に多く、学説を明らかにするとか、物事の筋道をはっきりさせるなどの文脈によく出てきます。

例文

先人《せんじん》の説の誤りをあきらむことが正しい学問の道である。

≫古語の「あきらむ」は「明らむ」。「明らかにする」。

出題頻度 ★★

27

とみ（なり）

【頓】 名・形動

現代語訳
急

関連語
同 ● にはかなり＝急だ

最近とみに老いを感じるなどと年配者は使う

語源は梵字《ぼんじ》（サンスクリット語）からきているので、説明しても暗記の助けにはならないでしょう。**「急」の訳を丸暗記**するしかありません。

この単語はみなさんにとっては死語でしょうが、お父さんやお母さん以上の世代なら日常会話でまだ使う人もいます。〝最近**とみに**老いを感じる〟とか〝このごろ**とみに**寒くなった〟などと言うのです。ふだんからこういう表現に耳慣れていれば、あえて覚えなければならない単語ではありません。

同意語には「にはかなり」があります。こちらはみなさんにもなじみがあるでしょう。急に降る雨を〝にわか雨〟と言いますね。重要単語というほどのものではないので本書の項目にはあげていませんが、確認だけしておきます。

例文

「とみの用事だ」と言って、母が使いをよこした。

»「急」の用事。昔は電話がないので使者に手紙を託《たく》して連絡を取る。

出題頻度 ★★

28

あふ

［逢ふ］動

現代語訳

結婚する・深い仲になる

関連語

掛
● あふ→逢ふ・逢坂の関
● あふひ→逢ふ日・葵《あふひ》

結婚してから顔を見る

人と人が単純に「出会う」という意味もありますが、**男女間**で使われると「結婚する・深い仲になる」という意味になります。この場合の漢字は「逢《あ》ふ」と書きます。

昔の男女は肉体関係を結ぶまではお互いの顔を見ませんでした。男性は、噂《うわさ》で聞く評判や覗《のぞ》き見でチラリと見える姿で女性に恋をしたのです。何度か和歌の恋文を交《か》わしたあと、お互いの気が合えば男性が夜這《よば》いをし、深い関係になります。翌朝、初めて男が女の顔をまともに見ることになるので、**男女が逢う＝肉体関係を持つ＝結婚する**ということになります（『マドンナ古文常識』4参照）。

和歌中では、「**逢坂《あふさか》の関**」の「逢」の部分に「**逢ふ**」の意味を掛けている場合があります（『マドンナ古文常識』5参照）。また、「**逢ふ日**」と「**葵《あふひ》**」の掛詞《かけことば》もあります（『和歌の修辞法』掛詞ベスト40 5 6参照）。

例文

「娘は幼いので成人したらあはせる」と親が男に言う。

≫幼女の顔を見るだけなら成人するのを待つ必要はない。ここは「結婚する」の意。

出題頻度
★★

29

がり

［許］ 名

現代語訳

～のところへ

関連語

参 101 こころもとなし［心許無し］
=①はっきりしない
②不安だ・気がかりだ
③待ち遠しい

「許」と書いて「がり」「もと」と読む

「がり」は「許」と書きます。この字は現代語では「もと」と読み、〝母の許《もと》へ帰る〟などと使っていますが、意味は同じ。「～のところへ」と訳します。

古語では、「許」は「もと」とも「がり」とも読みますが、入試に出るのは現代では使わない「がり」のほう。

「もと」と読む同語源の単語には「101こころもとなし［心許無し］」があります。

え～ん
姫のところへ
いきたいのに…
ガリガリ
ニャー
ニャー

例文

身分の高くない女のがりは、偽名を使って恋文を出した。

≫女のところへ。「がり」は「許」の字で「ところへ」の意味。

出題頻度 ★★

30

くまなし

【隈無し】形

現代語訳

一点の曇りもない

関連語

「隈《くま》」は暗く翳《かげ》った部分

目のまわりが黒ずむことを〝隈ができる〟と言いますよね。「隈」とは黒く翳った部分のことです。「隈無し」で**翳りがない**という意味になり、「一点の曇りもない」と訳します。

おもに月の描写に使われますが、満月とは限りません。月の形がどうであれ、雲に隠れた部分がなく**月全体が見えている状態**を言います。

平安の人々は、季節ごとの花鳥風月《かちょうふうげつ》を楽しむ風流心《ふうりゅうしん》を大切にしました。宮中や貴族の邸《やしき》ではよく月見宴が催されます。

また、月を見ながら遠く離れた恋人や友人を思い、「あの人も今ごろこの月を見ているだろうか」と、目に見えない心のつながりを月に求めるシーンもあります。

一方、人目を避ける場面では、「くまなき月」は明るすぎて困るということも…。

例文

桜は満開を、月はくまなきをばかり愛《め》でるのは間違いだ。

» 「一点の曇りもない」と訳す。〝満月〟とは限らない。

出題頻度 ★★

31

あく

［飽く］ 動

現代語訳

満足する

関連語

同 194 こころゆく＝満足する・気がすむ

もとは満腹状態、広く物心《ぶっしん》両面の満足を示す

「飽」は、字の示すとおり胃袋という包みいっぱいに食べることを意味します。もともとは**満腹する**というのが漢字の成り立ちで、そこから発展していろいろな**物質的満足・精神的満足**を意味するようになりました。「満足する」と訳します。

人は満足するとこれ以上はいらないと思うようになるので、「飽きる・いやになる」の意味でも使うようになりました。が、こちらは今でも使っているので、入試にはほとんど出ません。傍線訳などで直接設問にあがったときは、「満足する」の訳が圧倒的です。

同じく「満足する」と訳す語に、「**194** こころゆく」があります。

例文

最上の女を選び出しても、彼はまだあくことがない。

≫最上の女でも〃飽きない〃は変。どんなイイ女でも「満足する」ことがないの意味。

出題頻度 ★★

32

かたへ

［片方］ 名

現代語訳

そば・そばの人

関連語

同 ● かたはら［傍ら］＝そば

自分の片一方とは「そば」

「片方」と書いて「かたへ」。字のとおり、**片一方**を意味します。語源そのままに「片一方」と訳す場合もありますが、この意味で設問にあがることはまれです。入試に出るのは「そば・そばの人」の訳。**自分の片側**という発想ですね。同意語は「かたはら「傍ら」」。こちらは今でも〝傍《かたわ》らに辞書を置いて勉強する〟などと使っています。

例文

これを聞いて、かたへの者が意見を述べた。

» 「片方」の字。片側の者とは「そばの人」のこと。

出題頻度 ★★

33

つごもり

［晦日］名

現代語訳

月末

＊おほつごもり［大晦日］＝年末

関連語

参 34 みそかなり＝ひそか・こっそり

「月末」は月籠《つきご》もりするから「つごもり」

十五夜満月から月は欠け、**月末には姿を隠し**ます。その様子を**月籠もり**と言い、つづまって「つごもり」になりました。だから「月末」と訳します。漢字は「晦日《つごもり》」と書きます。「年末の大みそか」は大々的な月末だから「大晦日《おほつごもり》」と言います（『マドンナ古文常識』185参照）。

「みそかに」（「34みそかなり」の連用形）と混同しないようにしましょう。

ついでに言うと、十五夜から二十夜までのお月さまには美しい名前がついています。順に「望月《もちづき》」「十六夜月《いざよひづき》」「立待月《たちまちづき》」「居待月《ゐまちづき》」「寝待《ねまち》月《づき》」「更待月《ふけまちづき》」と言います。また、月末近くのお月さまをまとめて「有明月《ありあけづき》」とも言います。

これらは訳を要求される重要単語ではなく、知識を要求される古文常識です（『マドンナ古文常識』178～184参照）。

例文

その月のつごもり、恋人が久しぶりに訪《たず》ねてきた。

≫"月籠もり"の約で「月末」の意。「晦日」と書く。

出題頻度 ★★

34

みそかなり

［密かなり］ 形動

現代語訳

ひそか・こっそり

＊連用形「みそかに」の用例が多い。

関連語

類 **88 しのぶ**［忍ぶ］＝①我慢する ②人目を避ける

参 **33 つごもり**＝月末

古語の「みそか」は現代語のひそか

「**密か**」と書いて「みそか」と読みます。字のとおり、「ひそか・こっそり」と訳します。漢字で覚えるのも一つの手ですが、「**みそか**」は「**ひそか**」と音で暗記するのもいい方法です。

文章中によく出る形は連用形「**みそかに**」。これを、現代語の〝晦日《みそか》〟と混同しないように気をつけましょう。〝晦日〟は古語では「**33**つごもり」と言います。

「**88**しのぶ［忍ぶ］」にも「人目を避ける」の意味があります。

隠し味は密造したみそか
まったり
こっそり入れたのになぜ分かる

例文

逢《あ》うことの許されない人にみそかに逢った。

≫「みそかに」は「ひそかに」。〝晦日〟ではない。

出題頻度 ★★

35

ありく

［歩く］動

現代語訳　歩く

「ありく」は歩くと音で覚える

「ありく」は「**歩く**」と暗記しましょう。古語と現代語の音が似通《にかよ》っていますから覚えやすいですね。

めったに出ませんが、主語が**歩かないもの**の場合は「うろつく」と意訳します。「船のありく＝船がうろつく」などです。難関大学を受ける場合は気をつけましょう。

類義語に「**36**かち」があります。

ついでに言うと、名詞は「ありき」。「歩きまわること・うろつくこと」です。男が女の家に逢《あ》いに行く場面では、「忍び通《がよ》い」と訳すこともあります。人に見られぬように機会をうかがって、男が歩きうろつくからですね。

関連語

参 類
● **36** かち＝徒歩
● ありき 名 ＝①歩きまわること ②忍び通い

例文

夜道をひとりでありく私は、用心しなければならない。

≫「ありく」は「歩く」。夜道のひとり歩きは危ない。

出題頻度 ★★

36

かち

［徒・徒歩］ 名

現代語訳

徒歩

関連語

類 35 ありく＝歩く

漢字の読み書きも頻出

「徒・徒歩」と書いて「かち」。漢字の読み書きも出ます。字を覚えれば「徒歩《とほ》」の訳は簡単。余談ですが、東京には御徒町《おかちまち》という名前の駅があります。東京の生徒はこの駅名を暗記の助けにするという手も…。

この単語は、格助詞「より」を伴うことが多く、「**かちより＝徒歩で**」で出ることもあります。

「**35** ありく」は類義語。

例文

ただひとりでかちより神社へ参詣《さんけい》した。

»「かちより」で「徒歩で」。「より」は手段の格助詞。

出題頻度 ★★

37

をこなり

［痴なり］ 形動

現代語訳

ばかだ・愚かだ

関連語

参 **14** おろかなり＝いいかげんだ・不十分だ

反 **113** さかし＝①しっかりしている ②利口ぶる

*①は「丈夫だ」「気丈夫だ」「賢い」の意訳あり。

「ばぁかぁ」は「をぉこぉ」!?

「ばかだ・愚かだ」は「をこなり」と言います。現代語に残っているのは〝おこがましい〟で、**ばか**を承知で差し出るときに使いますね。

この理屈では覚えにくいと思う人は、あまり上品な方法ではありませんが、「ばぁかぁ」と言う代わりに「**をぉこぉ**」と冗談ぽく言ってみるなど日常生活で使ってみるのもいいかもしれません。言われた相手はきっとキョトンとするでしょうけれど…。

紛らわしい語は「**14**おろかなり」。「愚かだ」の意味もなくはありませんが、入試では「いいかげんだ・不十分だ」の訳が圧倒的。「をこなり」と混同しないようにしっかり整理しておきましょう。

また、反意語には「**113**さかし」があります。

例文

人にだまされるなんて、私は本当にをこなり。

≫「ばかだ・愚かだ」と訳す。丸暗記の単語。

第2章

秒単位で訳出する 空欄の定番語31

空欄補充の選択肢として頻繁に登場する単語を集めました。

傍線訳なら曖昧《あいまい》な記憶でも文脈に助けられて思い出すということもありますが、空欄補充の場合は訳のド忘れは致命的！　複数ある選択肢のそれぞれの訳を秒単位で思い出せるようにしておかなければ、時間切れで失点します。しっかり暗記、ひたすら暗記の一手！

傍線訳にも頻出の単語群だから一挙両得です。

出題頻度 ★★★

38

あさまし

【ー】 形

現代語訳

驚きあきれる

関連語

同

● あさむ 動 ＝驚きあきれる

アッと目を覚《さ》ますほどのショック

語源は諸説あって、受験生の暗記の助けにはなりません。こじつけのゴロで覚えましょう。「あさまし」の「あ」はアッとびっくりする声、「さま」は目を覚ますの「さま」と覚え、**目も口も大きく開くぐらいのショック**だとイメージしてください。「驚きあきれる」と訳します。

悪い意味で使われる場合は、非常識な言動にショックを受けて言葉も出ないという感じ。特に、相手が**無風流《ぶふうりゅう》**なことを平然とやったような場面で使われます。

よい意味で使われる場合は、相手のすばらしさに圧倒されて、お口アングリという感じ。特に、見くびっていた相手が**意外な才能**を見せたような場面で使われます。

よい意味の場合は「驚嘆《きょうたん》する」と意訳されることもあります。

動詞「あさむ」も同意語です。

例文

昼を過ぎるまで寝坊していたとは、我ながらあさまし。

≫度の過ぎた寝坊に自分でも「驚きあきれる」。

入試情報 動詞「あさむ」は非重要単語で、単語集にもあまり載っていない。それを承知で出したのは、「あさまし」から察しをつける機転を試したのだ。(早稲田大)

出題頻度 ★★★

39

あいなし

[愛無し・合無し] 形

現代語訳

① 不愉快だ・つまらない・いやだ
② むやみに
＊②は連用形「あいなく」の場合のみ。

関連語

愛せない合わない不快な感じ

「愛無し」と「合無し」の二つの表記があります。漢字の読み書きは出ませんが、語源の理解には役立ちます。**愛せない不快感・合わない違和感**を意味し、「①不愉快だ・つまらない・いやだ」と訳します。訳を一つに絞り込まないのは、微妙なマイナス感情を表す言葉なので、**場面によってさまざまに意訳**されるからです。

辞書にはもっと細かい訳し分けがしてありますが、覚えたらキリがありません。〝不快な感じ〟と語源を押さえておいて、文脈にふさわしい訳を考えましょう。

連用形「あいなく」の場合だけ、「②むやみに」と訳します。が、出題頻度はあまり高くありません。特に空欄補充の選択肢の場合は、まずは確率の高い「①不愉快だ・つまらない・いやだ」の意味で考えてください。

例文

本当のことはあいなしと思うのか、世間の話は嘘《うそ》が多い。

≫「つまらない」。確かに世間話にはおもしろおかしく尾ヒレがつくことが多い。

入試情報　「あいなし」を空欄補充の選択肢の中に入れるのが好きなのは上智大と早稲田大。即座に訳の出にくい単語だからだ。すぐに訳が出せるように訓練を。（上智大・早稲田大）

出題頻度 ★★★

40

ありがたし

【有り難し】 形

現代語訳

めったにない

関連語

参 115 かたし＝難しい・できない

存在することが難しい

「あり」は存在の「有り」、「がたし」は「難し」という字を書きます（「115かたし」参照）。〝理解しがたい〟〝賛成しがたい〟などと今も年配者は使いますね。

要するに、「ありがたし」とは**存在することが難しい**ということ。だから、「めったにない」と訳します。

ほかに「尊い・貴重だ」「生きにくい」などの訳もありますが、入試にはほとんど出ていません。また、現代語の〝ありがたい・感謝すべきだ〟の意味は江戸時代以降の用法で、これも入試にはまず出ません。

いろいろなことを言いましたが、「**有り難し**」の字を当てて「めったにない」の訳だけを覚えておけばよい、ということです。大学の難易を問わず、多くの大学が何度も何度も設問にあげている頻出語です。

例文

この若さでこれほどの巧《たく》みな歌を詠《よ》む歌人はありがたし。

≫若くして技量を備えた歌人は「めったにない」。

出題頻度 ★★★

41

ののしる

【ー】動

現代語訳

①大騒ぎする
②評判になる

*②は超難関大学がまれに出題。

関連語

「のーのー」はワイワイガヤガヤ

大勢《おおぜい》が一時《いっとき》に大声でしゃべる音は、昔の人の耳には「のーのー」と聞こえたそうです。いつか機会があれば、意識して**群衆のざわめき**を聞いてみてください。言われてみれば、なるほど「のーのー」と聞こえます。

この語源によって、「ののしる」は「①大騒ぎする」と訳します。入試が設問にあげる場合は、圧倒的にこの訳を要求しています。

超難関大学がまれに「②評判になる」の意味で出すこともあります。**世間が大騒ぎする**という発想ですね。傍線訳の選択肢に②の訳が入っているときや記述式の場合は、慎重に文脈を見ましょう。空欄補充の選択肢の場合は②の可能性はまずありません。

現代語の〝罵倒《ばとう》する〟の用法は古語には少なく、入試に出ることもありません。

例文

大臣が流罪《るざい》になると聞いて、人々が集まりののしる。

≫〝罵倒する〟のではない。群衆が「大騒ぎする」のだ。

出題頻度 ★★★

42

めづ

［愛づ］ 動

現代語訳

ほめる・感動する

関連語

参 43めでたし＝すばらしい

月や花を「めづ」は今も使う

月や花を〝愛《め》でる〟はみなさんも使いますね。うわぁキレイと「ほめる」こと、「感動する」ことです。古文では「愛づ」と言いますが、意味は同じ。

美しいものだけでなく、**すばらしいものやかわいらしいもの**に**心動かされる**など、いろいろな場面で使います。

関連語は「43めでたし」。

単語から少し話がそれますが、平安後期の『堤中納言《つつみちゅうなごん》物語』という短編集のなかに「虫めづる姫君」というお話があります。女性はふつう虫を怖がるものなのですが、この姫君はタイトルのとおり、「うわぁカワイイ」と思うのですね。虫のなかでも特に毛虫が大好きで、蝶《ちょう》を「めづる」人々に向かって、「毛虫は蝶のルーツよ！　同じものなのに…」と怒《おこ》ります。入試頻出の出典です。

例文

彼の舞をみながめでて、多くの褒美《ほうび》を取らせた。

≫「ほめる・感動する」の意味。昔は感動を褒美で示すことが多い。

✎参考　31ページ「18まもる」の例文に登場した「姫君」は、この『堤中納言物語』の「虫めづる姫君」。昼も夜も毛虫観察に夢中である。

出題頻度 ★★★

43

めでたし

［愛で甚し］形

現代語訳

すばらしい

甚《いた》くほめるほどに「すばらしい」

「**めで＋いたし**」がつづまって「めでたし」となりました。

「めで」は「**42**めづ」の連用形。前項で説明したとおり「ほめる」の意味です。「**141**いたし［甚し］」は、文字どおり程度が「はなはだしい」こと。両方を合わせると「めでたし」の原義は**甚《はなは》だしくほめる**ということで、それほどに「すばらしい」と訳します。〝めでたい〟と訳さないように…。

例文

大《だい》納《な》言《ごん》は何事にも優《すぐ》れ、めでたき方《かた》でいらっしゃる。

»「すばらしい」の意味。〝めでたい〟と訳さないように注意。

関連語

参
42 めづ＝ほめる・感動する
141 いたし＝たいへん・はなはだしい

出題頻度
★★★
44

なほ

［猶・直］副

現代語訳
①やはり
②もっと

関連語

「やはり」が圧倒的！　「もっと」は難関のみ

「猶」と書きますが、語源は〝直《なほ》〟で**まっすぐ曲げない**が原義。〝やっぱり意見を曲げない〟〝やっぱり状態がまっすぐ続いている〟というところから、「①やはり」と訳します。入試で問われるのは、圧倒的にこの訳！

難関大学は「②もっと」の訳も出題します。〝同じ状態が一直線にエスカレートする〟という発想。まずは確率の高い①の訳をチェック、ダメなら②という手順で…。

理解のために語源を説明しましたが、とても出題頻度の高い単語なので、最終的には即答できるように**訳を丸暗記**しましょう。

［副詞］の品詞名も問われます。

例文

危篤《きとく》状態を行《い》き来《き》しているので、**なほ**最期《さいご》だと思う。

»危篤状態が続いているので「やはり」最期と覚悟している。

人の愚かを見て嘲笑《あざわら》う者は**なほ**愚かである。

»〝人の愚か〟よりも〝それを嘲笑《ちょうしょう》する者〟のほうが「もっと」愚か。

参考　現代語にも①②の用法はある。“今もなお同じである”は「①やはり」、“会うとなおつらい”は「②もっと」の意味。この現代語例で暗記するのもよい。

出題頻度 ★★★

45

さすがに

【1】副

現代語訳

そうは言ってもやはり

関連語

参 155 さ＝そう・それ・そのように

「そうは言ってもやはり」の長い訳を完全暗記！

「さすがに」は「**そうは言ってもやはり**」と訳します。とても長い訳ですが、頻出語なのできちんと暗記しましょう。「さすがに」の「さ」は指示語の「155さ＝そう」。訳の出だしの「そうは…」が出れば、ド忘れ防止になります。

現代語のほめ言葉〝さっすがぁ〟の用法とは違うので要注意！ 現代語でも、〝強気の私もさすがにこれにはマイッタ〟などの表現が「そうは言ってもやはり」の意味です。

「さすがに」の前後は、相矛盾《あいむじゅん》する内容になります。〈本来は強気の私⇧さすがに⇩マイッタ〉というふうに、**一種の逆接効果**を持っています。空欄補充の選択肢に「さすがに」がある場合は、空欄の前後が相矛盾しているかどうかの視点でチェックしましょう。

【副詞】の品詞名も頻出です。

例文

みずから望んだ出家《しゅっけ》だが、さすがに髪を切るときには涙が出た。

≫自分で望んだ出家なのに、「そうは言ってもやはり」剃髪《ていはつ》は悲しい。

入試情報 「に」で終わる副詞については、20ページの入試情報を参照。

出題頻度 ★★★

46

わぶ

［我非《わび》の動詞化］ 動

現代語訳

つらい・困る

関連語

同 ● こころうし［心憂し］＝つらい
3 うし＝つらい
47 わびし＝つらい・困る

自分を見失ったつらい気持ち

名詞「わび」の語源が「我非《わび》」で、それが動詞化して「わぶ」になりました。語源の「我非」は「我に非《あら》ず」で、**本来の自分を見失った状態**を意味します。だから、「わぶ」は「つらい・困る」と訳します。

現代語の〝詫《わ》びる〟と混同しないように、よくよく気をつけてください。ここまで強く注意をうながすのには理由があります。この古語が使われる場面は、現代語の意味を当てはめてもスンナリと意味が通ってしまうことが多いのです。

例文を見てもわかるように、自分にとって困った状態が、相手にも迷惑をかけているというケースが多いのですね。つい〝謝る〟と勘違いしそうになる…それが出題の狙《ねら》い目なのです。「つらい・困る」の訳をしっかり頭に叩《たた》き込んでおきましょう。

形容詞「**47**わびし」も同意語です。

例文

どしゃぶりの雨のせいで約束の場所に行けないので**わぶ**。

≫〝お詫びする〟ではない。雨のために外出できずに「困る」。

参考 茶道や芭蕉〈ばしょう〉の俳諧〈はいかい〉理念として使われる「わび・さび」の「わび」は「質素な情趣」の意。現古融合文には必要な知識で、一般単語とは区別して暗記。

出題頻度 ★★★

47

わびし

[我《わ》非《び》の形容詞化] 形

現代語訳

つらい・困る

関連語

同 ●こころうし[心憂し]＝つらい
3 うし＝つらい
46 わぶ＝つらい・困る

品詞が変わっても意味は同じ

前項の動詞「わぶ」の形容詞が「わびし」です。**品詞が変わっても意味は同じ**で、「つらい・困る」と訳します。「**46**わぶ」とセットで暗記しましょう。

現代語の〝わびしい〟は〝寂しくて心細い〟とか〝みすぼらしい〟などの意味で使いますが、**現代語とはニュアンスが違う**ので注意してください。

例文

夫が別の妻を設け、家を出てしまったのをわびしく思う。

» 〝みじめ〟なのではない。「つらい」のである。

出題頻度 ★★★

48

はかばかし

【Ⅰ】形

現代語訳

きちんとしている

＊意訳は文脈で考える。

関連語

着々《ちゃくちゃく》とはかどるはかどる

「はか」は〝**はかどる**〟**と同語源**で、ことが**着々と進む様子**を意味します。「はか」が二度重なって「はかばかし」となり、「きちんとしている・しっかりしている・はっきりしている」などと訳します。

三つの訳を書きましたが、別個に暗記する必要はありません。空欄補充は時間勝負‼　どんな場面にも使えるオールマイティな訳として「きちんとしている」を覚えましょう。

また、傍線訳の場合も、自分で訳す記述式は、いつでもこの訳で押し通します。もしもマーク式で選択肢にこの訳がないときは、とりあえず「きちんとしている」の直訳を当てはめたうえで、**最も近い意訳**を選びます。たとえば、「考えがきちんとしている＝しっかりしている」「言葉がきちんとしている＝はっきりしている」など、その場その場で対応できますね。

例文

はかばかしき歌ではないが、一首《いっしゅ》詠《よ》ませていただきたい。

»「きちんとした」歌。意訳すると「優《すぐ》れた」歌のこと。

入試情報　合戦の様子を見て「はかばかしからじ」と思った。本文の内容に即した意味を要求。直訳は「きちんとした勝利はないだろう」。「優勢ではないだろう」などの意訳も可。（東北大）

出題頻度 ★★

49

あたらし

［惜し］ 形

現代語訳
もったいない

関連語
参 ● あらたし［新し］＝新しい

NEWじゃない！ もったいない!!

「惜し」の漢字を当てて、「もったいない」と覚えましょう。みなさんのおじいさん・おばあさんの世代は今でも使っています。たとえば若者が自殺をしたときなどに、〝あたら（＝もったいないことに）若い命をむだにして〟などと言うのです。

「新しい」という訳もありますが、**現代語と同じ意味を設問対象にはしない**ですね。たとえ文章中に設問外で出てきても、「古きもあたらしきも」などのように明確に「新しい」だとわかる文脈以外は、「もったいない」の訳が圧倒的です。

古文ではふつう「新しい」の意味では「あらたし」を使います。「ら」と「た」が逆で紛らわしいようですが、「あらたし［新し］」は〝新たな年を迎える〟〝装いも新たに〟などと、みなさんも使っているはず。

例文

人の命は短いのに、あたらしくも金や名誉を求めたがる。

» 短い人生を「もったいなく」も現《げん》世《せ》利《り》益《やく》の追求で費やしたがる。

出題頻度 ★★

50

むげ（なり）

【無下】 名・形動

現代語訳

ひどい

＊「むげの＝ひどい」「むげに＝ひどく」の用例が多い。

関連語

これ以下は無いって、要するにサイテ〜！

「無下」とは**これ以下は無い**ということ。つまりは、最低を意味します。「ひどい」と訳してください。

実際の用例では、「むげの＝ひどい」や「むげに＝ひどく」の形で出てきます。「むげに」の場合、ついうっかりと現代語の〝一概《いちがい》に〟の意味に取りそうになるので要注意。現代語と違うのだということを、しっかり意識しておくべきです。

語源で覚えるのも一つの手なのですが、上に述べたようなケアレスミスを防ぐための方法をもう一つ。**「無下」は「無上《むじょう》」の逆だ**と覚えておくことです。

「無上」は、〝無上の喜び〟などと今も「最高」の意味で使っていますね。こちらは古今に意味の違いがないので重要単語ではありませんが、「無下」を暗記するための手段として利用します。

例文

出家人《しゅっけびと》にも欲はある。欲をすべて咎《とが》めるのはむげのことだ。

≫「出家＝欲望0《ゼロ》」の理想論は「ひどい」という現実的見解である。

入試情報 例文の「むげ」を「無□」という空欄にして、漢字の一字を要求。「理・体・下・上・法」の選択肢の中で、重要単語は「無下」だけ。（関西学院大）

出題頻度 ★★

51

うたて

[ー] 副

現代語訳

いやだ

関連語

同

●うたてあり・うたてし＝いやだ

92 いとほし＝①いやだ ②気の毒だ ③愛しい

受験勉強なんて「あな、うたて」!?

語源の説明は受験生の役には立たないので省きます。**「いやだ」の訳を丸暗記**しましょう。「うたてあり」「うたてし」も同じ意味です。感動詞の「168あな」を伴って、「**あな、うたて**＝**ああ、いやだ**」となることもあります。

いっしょにうたて
カラオケ
Love Song
ふんっ
いやだ

例文

篳篥《ひちりき》の笛の音はやかましくて、うたて近くでは聞きたくない。

≫うるさい音が「いやで」近くでは聞きたくない。

出題頻度
★★
52

すごし

［凄し］形

現代語訳
ぞっとする

関連語
同
53
すさまじ＝ぞっとする

「凄《すご》し」は氷のように冷たい妻!?

「凄し」と書いて「すごし」。「冫《にすい》」は氷を意味する部首です。「凄」の字で**氷のような妻**をイメージし、「ぞっとする」と訳しましょう。

辞書には「寒い・冷淡だ・恐ろしい」などの訳もありますが、どれも「ぞっとする」ことに違いはありません。空欄補充の選択肢として使われた場合、いろいろな訳の可能性を考えていると頭が混乱して時間ばかりかかります。神経質に意訳を覚えるのはかえってマイナス効果。

傍線訳の場合も、とりあえずは「ぞっとする」と訳しておいて、必要があればその場で**適切な意訳**を考えましょう。

〝すごーい〟と訳さないように気をつけてください。現代語では〝**すごみ**がある〟が意味としては近い！

「**53**すさまじ」と同意語です。

例文

人気《ひとけ》のない荒れた家には、すごき悪霊《あくりょう》がいる気がする。

≫〝スゴイ〟と訳してはいけない。「ぞっとする」の意味。

出題頻度 ★★

53

すさまじ

［凄じ］形

現代語訳 ぞっとする

「さま」は冷《さ》め・寒《さむ》と同語源

「すさまじ」の「さま」は〝冷め・寒〟と**同じ語源**で、これも「ぞっとする」と訳します。「凄じ」の漢字は前項の「すごし」と同じですから、漢字でひとまとめにして覚えてもかまいません。

心がしらけてぞっとすると「興覚《きょうざ》めだ・つまらない」、恐怖を感じてぞっとすると「恐ろしい」、ぞっとするような景色の場合は「殺風景だ」と意訳されることもあります。前項と同じ要領で、その場で**適切な意訳**を判断してください。

「52すごし」と同意語。

例文

山里のすさまじき夕暮れはなんとなく悲しい感じだ。

≫「ぞっとする」夕暮れ。「殺風景な」「物寂しい」の意訳も可。

関連語

同 52 すごし＝ぞっとする

出題頻度 ★★

54

かしこし

【畏し】形

現代語訳

畏《おそ》れ多い

関連語

参 113 さかし＝①しっかりしている ②利口ぶる

＊①は「丈夫だ」「気丈夫だ」「賢い」の意訳あり。

畏《かしこ》まるの「かしこ」で畏怖《いふ》・畏敬《いけい》を表す

「賢し」もありますが、入試で問うのは「畏し」のほう。現代語の〝畏まる〟と同語源の「かしこ」で、**こちらが恐縮《きょうしゅく》するほど相手がすばらしい**ことを意味します。「畏れ多い」と訳してください。

この〝畏れ〟は、〝畏れ敬《うやま》う〟と使う**畏怖・畏敬の念**のことで、恐怖心ではありません。相手の身分の高さに「ハハァーッ！」と頭を下げる感じです。

ついでに言うと、「かけまくもかしこき＝口にするのも畏れ多い」という表現も文章中にときどき出てきます。入試で訳を要求されるとすれば、超難関国立大学の二次試験くらいだと思いますが、念のため。

「かしこし」が「賢い」の意味で設問にあがることはほとんどありません。入試が問う「賢い」は「113さかし」です。

例文

かしこきお言葉をいただき、かたじけなく存じます。

≫〝かたじけなく〟がポイント。「畏れ多い」お言葉に恐縮している。

❶注意事項 「畏れ」の漢字は、大学によっては「恐れ多い」と表記する場合もある。この表記であっても畏怖・畏敬の意味で、恐怖ではない。

出題頻度 ★★

55

くちをし

〔口惜し〕形

現代語訳

残念だ

関連語

口をきくのも惜しいほど残念だ

「口惜し」と書いて「くちをし」。字のとおり、口をきくのも惜しいというのが原義です。明日は胸ワクワクの初デートという前日に、突然キャンセルされたらガクッとくるでしょう？ そういうときは口をきく気もしませんよね。**口をきくのも惜しいほどガッカリ**と理解して、「残念だ」と訳してください。

例文

大臣になれる力がありながら、大納言《だいなごん》どまりとはくちをし。

≫言葉にならないほどの無念さを言う。「残念だ」の意味。

出題頻度 ★★

56

なまめかし

【生めかし】形

現代語訳

優雅だ・優美だ

関連語

同

● なまめく動＝優雅だ・優美だ

● やさし【優し】＝①優雅だ ②優れている ③優しい

85 いうなり＝①優雅だ ②優れている ③優しい

210 えんなり＝①優雅だ・優美だ ②色っぽい

「なまめかしき」女はウッフンとは言わない！

「なまめかし」は「優雅だ・優美だ」と訳します。しっとりと控《ひか》えめで上品な美しさを言います。

この「なま」は〃なまじっか〃と語源が同じで、「中途・半分」の意味です。極端な個性美はヘタをするとギラギラして下品になりがち。**派手さを半分に押さえた上品さ**こそ、さりげなく優美な〃おめかし〃だと考えたのです。容姿だけでなく、立居《たちい》ふるまいや人柄の上品さなども表します。男性にも女性にも使われ、**最高のほめ言葉**の一つでした。

この単語はよほど意識しておかないと、ついうっかり〃色っぽい〃と取ってしまいがち。同志社大学が「なまめかしき尼」を訳させたところ、ウッフンと色気満点の尼だと勘違いした生徒がいっぱいいました。

同意語は「85いうなり」「210えんなり」など。

例文

関白《かんぱく》はほっそりとなまめかしく、身を整えていらっしゃる。

≫〃色っぽい〃関白は変。美麗な姿の描写。「優雅だ・優美だ」の意味。

参考　形容詞「なまめかし」も、動詞「なまめく」も、訳は同じ。古文では、品詞が違っても意味は変わらないことが多い。関連語を増やすコツの一つ！

出題頻度 ★★

57

こころにくし

［心憎し］形

現代語訳

奥ゆかしい

関連語

心憎い贈り物に腹を立てる人はいない！

「心憎し」は「奥ゆかしい」と訳す、**よい意味**の単語です。今でも〝心憎いまでの配慮〟とか〝心憎いプレゼント〟などと言いますね。相手の心配りの奥深さをほめる言葉であって、憎々しく腹を立てるのではないことは明白です。

現代語でもよい意味で使っているのに、「憎し」の文字につられて「憎い」と訳す生徒が多いので、大学側が味をしめて何度も出題しています。

ところで、「奥ゆかしい」という訳語そのものが、今の若者にとっては死語になりつつあります。「ゆかし」とは「見たい・知りたいetc.」の意味（「**110**ゆかし」参照）。もっと心の奥を見たい・知りたいと思うほど、**奥深い心遣《づか》い**のある**上品な魅力**を「奥ゆかしい」と言うのです。

例文

姫君は見た目も心根《こころね》も立居《たちい》ふるまいもこころにくく見える。

» 姿も性格も所作《しょさ》も「奥ゆかしい」。〝憎々しい〟はダメ。

参考　身分の高い皇族・貴族の上品さを示す表現に、56・85・210の「優雅だ・優美だ」、57の「奥ゆかしい」、97・98・106の「風流だ・趣深い」、96の「気品・威厳」など。どの語も品性の高さを表す。

出題頻度 ★★

58

ねんず

［念ず］動

現代語訳

① 祈る
② 我慢する

関連語

同② 88 しのぶ＝①我慢する ②人目を避ける

思いを叶《かな》えるために「祈る」「我慢する」

「念ず」を「①祈る」と訳すのは、祈念・念仏・念願などの熟語でわかりますね。**仏教的な場面**ならこの訳です。

思いを叶えるためには、祈るだけでなく**我慢**も必要。そこで、「念ず」は「②我慢する」とも訳します。**悩みや苦しみや悲しみの描写**があればこの訳です。現代語にはまったくない用法なので、しっかり暗記しておきましょう。設問になる頻度も②のほうが高い。

合格までプリンねんず
あら…プリンは？あれは…
合格祈願
合格
あれもこれもねんず

例文

「別れの涙は不吉だから、ねんじなさいませ」と人々が言う。

≫涙を「我慢する」。昔は、別れの涙は死別の予兆で不吉だと考えた。

出題頻度 ★★

59

すきずきし

［好き好きし］ 形

現代語訳

① 風流《ふうりゅう》好《ごの》みである
② 恋愛好きである

「好《す》き好《ず》きし」は風流好み・恋愛好き

「**好き好きし**」の漢字を当てて、「①風流好みである」「②恋愛好きである」と覚えます。

「風流好み」とは**センスがよい**こと。衣装・香り・庭の造り・部屋の調度品《ちょうどひん》などの趣味がよく、和歌や漢詩の教養があり、人間関係をギクシャクさせないオシャレな会話ができる…など、あらゆる方面での優《すぐ》れた感性を意味します。

このようなセンスを備えた人は、恋愛をした場合でも、オシャレに口説《くど》きます。そういう人は、男であれ女であれ、おのずと異性にモテますね。「恋愛好き」はよい意味で使われると「恋に一途《いちず》だ」ということ。悪い意味に使われると「好色だ」ということになります。

入試が設問にあげるのは、圧倒的に「①風流好みである」のほうです。場面が恋愛話のときだけ②の訳をします。

例文

すきずきしき心のある人々が集まって桜の花見に行く。

≫桜を愛《め》でる人々だから「風流好みである」の意味。

関連語

参 ● いろ［色］＝①風流 ②恋愛

参考 「①風流好み」「②恋愛好き」を「色好み」「好き者」という。
詳しくは、『マドンナ古文常識』12 177参照。

出題頻度 ★★

60

とし

［疾し］形

現代語訳

早い

＊連用形「とく＝早く」の用例が多い。

関連語

とっととは「疾《と》く疾《と》くと」のなごり

「疾《と》し」と書いて「早い」と訳します。全力疾走の「疾」の字を当てて暗記します。文章中には連用形「**とく＝早く**」の形で出ることが最も多いので、見落とさないようにしてください。

　現代語にこの「とく」のなごりがあります。〝とっとと帰れ〟とか〝とっとと失《う》せろ〟の〝とっとと〟がそうです。〝さっさと早く〟の意味で使っていますが、「疾く疾くと」がつづまってできた言葉です。また、〝とっくに帰った〟の〝とっく〟も「疾く」のなごりです。こうして、現代語と結びつけて覚えるのも一つの手ですね。

例文

こちらから手紙を出すと、翌朝とく返事が来た。

≫「疾《と》し」の連用形「疾く」。「早く」の意味。

出題頻度 ★★

61

かなし

［①愛し ②悲し］形

現代語訳
① 愛《いと》しい
② 悲しい

関連語
参
● かなしうす 動 ＝愛しく思う

悲しいは出ない！「愛しい」が頻出!!

「かなし」には「①愛しい」「②悲しい」の二つの意味があります。**愛する気持ち**は、どこか**悲しい気持ちと似ていてせつない**からですね。

入試で問われるのは、現代語の用法には見られない「①愛しい」のほう。空欄補充の選択肢として使われた場合も、①の訳を優先します。

動詞は「かなしうす＝愛しく思う」。

例文

かなしき子の病気を治すために、薬を探《さが》し求めた。

»"悲しい"子は変。「愛しい」のほう。かわいい子を思う親心である。

出題頻度 ★★

62

はづかし

［恥づかし］形

現代語訳

①恥ずかしい
②立派だ・優《すぐ》れている

関連語

参 ●はづかしげなり 形動
＝①恥ずかしそうだ
②立派な様子だ

自分が恥ずかしくなるほど相手が「立派」

そのまま「①恥ずかしい」と訳す場合と、「②立派だ」と訳す場合があります。

①と②は逆の意味なので不思議に思うかもしれませんが、自分の至《いた》らなさやみっともなさを恥ずかしく思うのは、**相手がそれほどに立派だ**からですね。主語が**劣等意識を持つ立場の人**なら「①恥ずかしい」、主語が**羨《うらや》まれる立場の人**なら「②立派だ・優れている」ということになります。

入試における頻度は、現代語の用法にはない「②立派だ・優れている」のほうが圧倒的です。

形容動詞「はづかしげなり」で出ることもあります。

例文

はづかしき人の質問に答えることができたのはうれしい。

≫返答ができてうれしいのは、「立派な」人の質問に対してだから。

出題頻度 ★★

63 ことごとし

【事事し】形

現代語訳

大げさだ・仰々《ぎょうぎょう》しい

関連語

同 89 こちたし＝①大げさだ・仰々しい ②うるさい・わずらわしい
103 ところせし＝①窮屈だ ②大げさだ・仰々しい ③威厳がある

「事事《ことごと》し」は大事《おおごと》じみて「仰々しい」

「ことごとし」は「**事事し**」と書きます。「事」が二つ重なって、**大事じみた様子**を言います。「事件だ、事件だ」と大騒ぎをしたわりにくだらないことだった…という感じ。「大げさだ・仰々しい」と訳します。

同意語には「**89**こちたし」「**103**ところせし」があります。「こちたし」「ところせし」は多義語で、これ以外の訳も持っています。それぞれの項を参照してください。

例文

中国に〝鳳凰《ほうおう》〟ということごとしき名のついた鳥がいる。

≫「仰々しい」名前。確かに音も漢字も威厳めいている。

入試情報　傍線訳「ことごとしく歩みよりて」。「大げさに・仰々しく」に近い選択肢は「もったいぶって」。（共通テスト）
20ページで触れた「事」の漢字を要求。（同志社大・早稲田大）

出題頻度 ★★

64

なつかし

［懐かし］形

現代語訳

親しみを感じる

関連語

犬が人になつくと同語源

「なつかし」の「なつか」は、現代語の〝**なつく〟と語源が同じ**。犬が人に〝なつく〟と使うように、「親しみを感じる」ことを意味します。〝昔が懐かしい〟という意味で出ることはありませんから注意しましょう。うっかりミスを誘うように入試問題は作られています。**現代語の意味とは違う**のだということを強く意識しておいてください。

初めて会ったのに なつかしかー
おいどんも なつかしいでごわす

例文

なつかしく話せる人がいないので、寂しさを歌に詠《よ》む。

»「親しみを感じて」話せる人がいないので、孤独感を作歌で慰めるのだ。

出題頻度 ★★

65

あながちなり［強ちなり］形動
せめて［攻めて・迫めて・責めて］副

現代語訳

強引に・無理に

関連語

同 ● しひて［強ひて］＝強引に・無理に

自分勝手な「強引」さ。攻《せ》めて迫《せま》って「強引に」責《せ》める

「あながち」のもともとの語源は、「がち」が「勝ち」で、**自分勝手**を意味します。この語源で覚えるか、「**強**《あなが》**ち**」の当て字で覚えてください。「強引に・無理に」と訳します。

「せめて」の語源は「**攻めて・迫**《せ》**めて・責めて**」の三説ありますが、どれも**相手をねじ伏せる強引さ**を表しています。好きな字を当てて「強引に・無理に」の訳を暗記。

例文

気《き》位《ぐらい》の高い女であったが、あながちに言い寄ると結婚した。

≫「強引に」。ウンと言わない女は何度も口説《くど》くに限る!?

男が眠り込んでしまったのを女はせめて起こして帰らせる。

≫「強引に」。通《かよ》い婚の昔は女が男を夜明け前に帰らせた。

出題頻度
★★
66

うるはし

［麗し］形

現代語訳
きちんと整って美しい

関連語
参 120 うつくし＝かわいい

「うるはし」の姫君はパーフェクトな美形！

「うるはし」は**完璧な美**を意味し、「きちんと整って美しい」と訳します。女性に使うと絶世《ぜっせい》の美女。でも、女性の容姿だけでなく、**あらゆるものの完全美**を表します。文字なら達筆《たっぴつ》、人間関係なら理想的な仲のよさ、性格ならまじめで几帳面《きちょうめん》…などですね。

傍線訳の場合は選択肢に意訳を使っていることもありますが、意訳を覚えたらキリがありません。その場で文脈判断しましょう。

ところで、古語の「120うつくし」は「かわいい」と訳します。美しいという意味ではありませんから注意しましょう。空欄補充で「美しい」の意味を入れる場合、選択肢に「うるはし」と「うつくし」の両方が入っているケースが多いので、しっかり区別しておいてください。

例文

人はあまりにうるはしくしすぎると、その状態を保つのが難しい。

» 「きちんと美しく整え」すぎは長続きしない。この場合は「几帳面に」の意訳も可。

出題頻度 ★★

67

めやすし

［目安し］ 形

現代語訳

見た目がよい
見た感じがよい

関連語

参
● きよげなり＝清楚である
● あいぎゃう［愛敬］＝愛らしさ

目に安心とは「見た目がよい」

「目安し」の字のとおり、**見た目に安心**だというのが原義。だから、「見た目がよい・見た感じがよい」と訳します。漢字を当てて覚えましょう。

前項「**66**うるはし」が完璧に整っているのに対し、「めやすし」は**受ける印象のよさ**を表します。

参考

人の魅力を表現する語

97 をかし・をかしげなり＝美しい
66 うるはし＝きちんと整って美しい
56 なまめかし・210 えんなり＝優美だ
57 こころにくし＝奥ゆかしい
67 めやすし＝見た目がよい
120 うつくし・らうたし＝かわいい
● **きよげなり**＝清楚である
● **あいぎゃう**［愛敬］＝愛らしさ

注：番号つきは本書で取り上げた重要単語です。詳しくは、それぞれの項を参照してください。

例文

髪がゆったりとしてたいへん長く、めやすき人である。

≫髪の量や長さが「見た感じがよい」人。

入試情報 「めやすし」の選択肢を、「感じのよい」と「見た目のすぐれた」で迷わせた。あくまでも“印象のよさ”なので、「すぐれた」は不適切。（共通テスト）

出題頻度 ★★

68

しげし

［繁し］形

現代語訳

多い

関連語

足しげく通《かよ》うは今でも使う

「繁し」と書いて「しげし」。頻繁《ひんぱん》の「繁」の字ですから、「多い」の訳は納得できますね。現代語でも、足を運ぶ回数が「多い」ことを〝足**しげく**通《かよ》う〟と言います。

例文

人目しげきところなので、夜の明けないうちに女の家を出た。

≫人目の「多い」場所。密会を見られたくないのである。

入試情報　例文を空欄補充にし、選択肢は「38あさまし・47わびし・52すごし・53すさまじ・68しげし」の5つで出題。すべて本章の重要単語。（甲南大）

第3章

二つの訳を要求される頻出語28

二つの訳を持ち、どちらもほぼ同じ頻度で入試に出ている単語を集めました。

また、三つの訳を持っているけれども、そのうちの二つの訳に設問が集中する単語も一緒に入れています。

二つの訳を即座に思い出したうえで、文脈判断をしなければなりません。

難関大学だけが二つの訳を要求する単語もあります。志望校のレベルに応じて暗記しましょう。

出題頻度 ★★★

69

ねむごろなり

［懇ろなり］ 形動

現代語訳

① 熱心だ・丁寧だ
② 親しくする
＊「ねんごろ」の表記もある。

関連語

「懇切《こんせつ》丁寧」「懇談・懇親」の漢字熟語で覚える

「ねむごろ」は「**懇ろ**」と書きます。漢字の読み書きは出ませんが、語源の理解に役立ちますから覚えましょう。

「懇」の字は、今は〝**懇切**丁寧〟とか〝**懇々と**諭《さと》す〟などと使っています。熱心に丁寧に…ということですね。だから、「ねむごろなり」は「①熱心だ・丁寧だ」と訳します。

また、「②親しくする」の意味もあります。

こちらは〝**懇親**会〟〝**懇談**会〟などの熟語で今に残っていますね。

出題頻度は①のほうが高いですが、圧倒的と言えるほどではありませんので、必ず文脈判断をしてください。友情・恋愛などの人間関係の度合いを描写している場合のみ、「②親しくする」の訳にします。

「ねんごろ」と表記されていても同じです。

例文

ねむごろに誘ってくださるので強く拒《こば》むわけにもいかない。

≫強く拒めないのは相手の誘いが「熱心だ」から。

ねんごろに交際していた友だちに手紙を書いた。

≫〝交際〟〝友だち〟の文脈から「親しくする」。

参考　「ねむごろ」を「ねんごろ」とも表記することについては、24ページ「やむごとなし」の本文説明を参照のこと。

出題頻度 ★★★

70

あやし

【①怪し ②賤し】形

現代語訳

①不思議だ・奇妙だ

②身分が低い・みすぼらしい・田舎《いなか》くさい

関連語

アヤ〜とびっくり、貴族の仰天《ぎょうてん》！

「あやし」の「あや」は、**アヤ〜とびっくりする声**です。

自分の**理解や常識を超えたもの**を見てアヤ〜と驚くと、「①不思議だ・奇妙だ」の訳になります。漢字で書くと「怪し」ですが、現代語の〝疑わしい〟の意味ではありませんから気をつけましょう。

私たちが学んでいる古語の多くは、貴族やその周辺で働く女房たちが書き残したものです。華やかな宮中《きゅうちゅう》を見慣れている彼らにとって、**庶民の貧しい生活**はアヤ〜とびっくり仰天でした。だから、「②身分が低い・みすぼらしい・田舎くさい」とも訳します。こちらは「賤《あや》し」で、現代語では〝いやしい〟に音が変わっています。

例文

夜中に人の呼ぶ気配《けはい》がするので「あやし」と思って見た。

»人が来るはずのない夜中にだれかが呼ぶのは「奇妙だ」。

私はあやしき田舎者《いなかもの》になってしまったが、父は大臣だった。

»「賤しい」田舎者。血筋はよいが今は落ちぶれたのである。

出題頻度 ★★★

71

わりなし

【理無し】形

現代語訳

①筋が通らない・無理だ

②どうしようもない
しかたがない

関連語

同② 122 ずちなし・すべなし
～かたなし・～かひなし
＝（～しても）どうしようもない

参 4 ことわり＝道理

「理無《わりな》し」の漢字をひっくり返すと「無理」

「**理無し**」と書いて「わりなし」と読みます。文字どおり**論理性のない**ことを意味します。だから、言葉を換えれば**無茶苦茶《むちゃくちゃ》**だということ。「①筋が通らない・無理だ」と訳します。「無理」の訳は、「理無し」の二つの漢字をひっくり返しただけ。すぐに覚えられますね。

無理なことは言っても**どうにもならない**から、「②どうしようもない・しかたがない」。

例文

娘はまだ幼くて、結婚するなどとは**わりなき**ことだ。

»結婚はまだ「無理だ」。昔は相手が幼女のうちから求婚した。

どうすれば忘れられるのか、昼も夜も恋しくて**わりなし**。

»どうにも忘れられず、恋しくて「どうしようもない」。

出題頻度 ★★★

72 びんなし ふびんなり

【便無し】形 【不便なり】形動

現代語訳

①不都合《ふつごう》だ
②気の毒だ

関連語

同② 92 いとほし＝①いやだ ②気の毒だ ③愛しい

自分の不便は「不都合」、相手の不便は「気の毒」

「便《びん》無し」「不便《ふびん》なり」は、ともに便《びん》＋**否定語**の形で、**便利さが無い**というのが原義です。**自分の不便《ふべん》**は「①不都合だ」、**相手の不便《ふべん》**は「②気の毒だ」と訳してください。

漢字の読み書きも頻出。「便」は「びん」と読み、「びんなし」「ふびんなり」。ベンと読まないように注意!!

例文

倹約令《けんやくれい》を発布《はっぷ》の折、大臣であっても華美な衣装は**びんなし**。

≫たとえ大臣でも、倹約令に背く贅沢《ぜいたく》は「不都合だ」。

女が悲しい顔をするので、「**びんなし**」と思って別れられない。

≫別れようとしたが、女が「気の毒だ」からできない。

雨の日に縁側に上がると足型がついて**ふびんに**汚くなる。

≫濡《ぬ》れた足で上がるのはよくないという文脈。「不都合で」汚い。

病が重く息づかいも苦しそうなので、見ていて**ふびんなり**。

≫相手の病状の悪化を「気の毒だ」と思うのである。

参考 「ふびんなり」は、「①不都合だ」の意味が現代語の“不便〈ふべん〉”の漢字に、「②気の毒だ」の意味が“不憫〈ふびん〉”の音に残っている。

出題頻度 ★★★

73

かたはらいたし

［傍ら痛し］ 形

現代語訳

①はらはらする・見苦しい
②恥ずかしい・気づまりだ

関連語

参 ● かたはら［傍ら］＝そば

傍《かたわ》らで見て・見られて心が痛む

「傍ら痛し」と書きます。その字のとおり、**そばで心が痛む**というのが語源です。

そばで**見ていて**心が痛むという語源により、「①はらはらする・見苦しい」の訳。たとえば高級レストランでデート中に、恋人がズズーッと音を立ててスープを飲んだら、そばで見ているあなたは恋人のマナーの悪さに心を痛めますね。①はその感覚。

逆にそばで**見られて**心が痛むという語源から、「②恥ずかしい・気づまりだ」の訳もあります。まわりの人やあなたの冷たい視線を感じたら、さすがの恋人もカッコ悪さに心を痛めます。②はその感覚です。

どちらの訳も同頻度。①か②かは、そばで見ているのか、そばで見られている立場なのかを、**前後の文脈から判断**します。

例文

みなすっかり寝込んで、いびきをかたはらいたくする者もいる。

≫起きている作者が、人がいびきをするのを見て「見苦しく」思うのだ。

苦手な和歌を人前で詠《よ》まされるのはかたはらいたし。

≫ヘタな歌を披露《ひろう》するのを見られるのは本人にとって「恥ずかしい」こと。

参考　選択肢には意訳も多く、①は「みっともない・聞き苦しい・苦々しい」、②は「きまり悪い・心苦しい」など、覚えたらキリがない。文脈判断しよう！

出題頻度 ★★★

74

やがて

【一】副

現代語訳

①そのまま
②すぐに

関連語

その時点から「そのまま」「すぐに」

現代語は〝そのうちに〟という近い将来の意味で使いますが、古語の「やがて」は**その時点**を意味します。「①そのまま」はその時点のまま、「②すぐに」はその時点ですぐに。そう考えれば、①も②もその時点を軸に共通していますね。現代語の用法とはまったく違うということを、しっかり頭に入れておいてください。

二つの訳の出題頻度はほぼ同じ。どちらの訳にすべきかは文脈判断をします。その時点のままで**状態が変化しない**のであれば「①そのまま」。その時点で**時間を置かない**で行動していれば「②すぐに」の訳になります。

例文

「ちょっと」と言って中座《ちゅうざ》したが、やがて立ち去った。

≫席を立ったまま戻らなかったのである。「そのまま」の意味。

「会いたい」と手紙を出すと、やがて彼が訪《たず》ねて来た。

≫手紙の要望に「すぐに」応じたのである。

出題頻度 ★★★

75

せうそこ

【消息】名

現代語訳

①連絡・手紙
②挨拶《あいさつ》・訪問

関連語

同① 171 ふみ＝①手紙 ②書物 ③学問 ④漢詩

参 105 たより＝①手段 ②ついで・機会 ③縁故

「息」が「消」えていないか、安否《あんぴ》を問う

「息」は息をして生きていること、「消」は息が消えて死ぬことを意味します。「消息」の原義は、**死んでいるのか生きているのか**ということ。もっと簡単に言うと、元気かどうかの安否を意味します。

元気かどうかは、互いに**連絡**を取らなければわかりません。昔の連絡は**手紙**が第一の手段でした。だから、「①連絡・手紙」と訳します。

元気かどうかは**直接会う**ことでも知ることができます。だから、「②挨拶・訪問」の訳もあります。

漢字の読み書きも頻出です。「**消息**」の漢字と「**せうそこ**」の読みに注意。

「手紙」と訳す語には「**171** ふみ」もあります。

例文

今日「久しぶりに会いに行く」と夫から**せうそこ**があった。

≫夫からの「連絡・手紙」。昔は夫が訪《たず》ねる通《かよ》い婚が多い。

声高く**せうそこ**を告げるが、だれも応対に出てこない。

≫大きな声で来意を告げるのである。「挨拶・訪問」。

入試情報 「②挨拶・訪問」を「案内〈あない〉」の訳語で選ばせたことがある。この「案内」は訪問して対面の取り次ぎを頼むこと。訳の現代語の意味を知らないと失点する。（早稲田大）

出題頻度 ★★★

76

いたづらなり

【徒らなり】 形動

現代語訳

① **むだだ**

② **むなしい**

＊慣用句 いたづらになる＝死ぬ

関連語

同① 205 あだなり＝①むだだ ②はかない ③浮気だ

同② 230 はかなし＝むなしい・頼りない

＊慣用句 はかなくなる＝死ぬ

「むだ」な努力は「むなしい」

「いたづら」は「徒ら」と書きます。この字は**徒労**《とろう》の「徒」ですね。徒労とは、費やした労力が**むだに**終わること。「いたづら」は「①むだだ」と訳します。

必死の苦労がむだに終わると、あとに**虚無感**だけが残りますね。だから、「②むなしい」の訳もあります。

①と②はとてもよく似た意味なので、厳密な訳し分けが難しいこともあります。基本的には、**人間の心理描写**として使われた場合に「②むなしい」と訳してください。

また、「**いたづらになる＝死ぬ**」という慣用句も入試によく出ています。人の命がむなしく終わるという発想です。

①は「**205** あだなり」が、②は「**230** はかなし」が同意語。

例文

いたづらに物思いに耽《ふけ》って世を過ごす間《ま》に、容色が衰えてしまった。

≫「むなしく」の意。思い悩むばかりで過ぎた若さの移ろいを嘆く。

その女は弱々しい感じで、今にもいたづらになりそうだ。

≫「いたづらになる」は慣用表現。今にも「死に」そうだ。

出題頻度 ★★★

77

さうなし

【①双無し ②左右無し】形

現代語訳

①またとない・比類《ひるい》ない
②ためらわない・無造《むぞう》作《さ》だ

関連語

またとない「双《さう》無し」、ためらわない「左右《さう》無し」

「さうなし」と読む単語には、「①双無し」と「**②左右無し**」の二つがあります。

「**①双無し**」は、文字どおり「①またとない・比類ない」の意味。よい意味で使うことが多く、**二つとないほど優《すぐ》れているさま**を言います。前後の文脈から何らかの**才能に秀《ひい》でた人物の描写**であれば、この訳を選んでください。

「**②左右無し**」は〝右も左も見ない〟が原義で、**あれこれ考えないで行動を起こすさま**を言います。訳としては、「②ためらわない・無造作だ」と覚えてください。

出題頻度は①のほうが高いですが、②もときどき出ています。念のため二つとも暗記しておきましょう。特に、「さうなし」とひらがなで出題されたときは、慎重に。

例文

彼はさうなき料理人である。彼の腕前をみなが見たいと思った。

≫みなが見たいと思うほどの腕を持つ「比類ない」料理人。

尊い命をさうなく捨てるべきではない。

≫尊い命を分別《ふんべつ》なく捨ててはいけない。「無造作に」の意。

出題頻度 ★★★

78

つとめて

【一】名

現代語訳

①早朝

②翌朝

＊〝前日の記述〟のある場合のみ②の訳。

関連語

おつとめは「早朝」から、「翌朝」は前日の続き

「つとめて」の「つとめ」は、〝お勤め〟の「つとめ」と同じ語源です。多くの仕事は**早朝**から出勤するもの。「つとめて」は「①早朝」と訳します。

「つとめて」には「②翌朝」の意味もあります。①も②も朝に変わりはないジャン！と、あっさり片づけてはいけません。多くの入試問題が①②の両方を選択肢に入れて、訳し分けができるかを試しています。でも、区別は簡単！

「つとめて」よりも前に**前日の記述**があれば、その「②翌朝」と訳します。なければ、ただの「①早朝」でいいということ。

例文

つとめて、格子《こうし》を上げると一面に雪が降っていた。

≫前日の記述がないので「早朝」の意味。

その夜は女の部屋に泊まり、つとめて出かけなさった。

≫前日の記述を受けて「翌朝」と訳す。

出題頻度 ★★★

79

おどろく

【Ⅰ】動

現代語訳
①気がつく
②目が覚《さ》める
③驚く

関連語
参 ● おどろかす 他動 ＝①気づかせる ②起こす ③驚かす
80 おどろおどろし＝①はなはだしい ②恐ろしい

「おどろ」はハッとする雷《かみなり》の音

「おどろ」は**ゴロゴロという雷の音**。昔の人の耳にはオドロオドロと聞こえたそうです。雷が鳴ると私たちはビクッとしますね。「おどろく」の原義は**ハッとすること**。ハッと「①気がつく」、ハッと「②目が覚める」、ハッと「③驚く」の三つの訳があります。「③驚く」は現代語と同じなので、設問にあがることはあまりありません。

「①気がつく」「②目が覚める」は文脈判断してください。寝ていると思われるような場面で「おどろく」とあった場合は、「②目が覚める」になります。

「おどろく」は**自動詞**。**他動詞**は「おどろかす」です。

また、同語源の語には「**80**おどろおどろし」があります。

例文

秋が来たと目にははっきり見えないが、風の音でふとおどろく。

≫目には見えない微妙な季節変化を耳で捉《とら》えた。秋が来たと「気がつく」。

悪夢におどろきて見ると、灯していた明かりが消えていた。

≫〝夢〟を根拠に〝寝ていた〟と判断する。「目が覚める」。

入試情報 「秋来〈き〉ぬと／目にはさやかに／見えねども／風の音にぞ／おどろかれぬる」は頻出の和歌。訳は例文の右を参照。第5句の「れ」は自発の「る」で、文法問題にもよく出る。

出題頻度 ★★

80

おどろおどろし

[Ⅰ] 形

現代語訳

① はなはだしい
② 恐ろしい

関連語

参 79 おどろく＝①気がつく ②目が覚める ③驚く

ダブル雷鳴《らいめい》で「はなはだしい」「恐ろしい」

「おどろ」はゴロゴロという雷の音だと前項でお話しましたね。そのオドロが二度も重なった「おどろおどろし」は、よほど**激しい雷鳴**の表現です。

その語源により、**程度が激しい**ことを意味する「①はなはだしい」の訳と、**恐怖**を意味する「②恐ろしい」の訳があります。

例文

父の不《ふ》機《き》嫌《げん》な声に怯《おび》えた幼い息子は、おどろおどろしく泣く。

≫火のついたように泣くのである。「はなはだしく」の意味。

夜の嵐の音は不気味で、おどろおどろしく響く。

≫〝不気味〟がヒント。「恐ろしく」の意味。

ちょっとひと言　雷は、古文では「神鳴〈かみなり〉」とも書く。雷鳴は神の怒りの声だと考えたのである。

出題頻度 ★★

81

かしづく

［頭付く・傅く］動

現代語訳

① 大切に世話する
② 大切に育てる

関連語

ハハァーッと頭付《かしらづ》くほど大切にする

〝頭付く〟がつづまって「かしづく」。**ハハァーッと頭を地につけてひれ伏す**が原義で、それほど相手を大切にすることを意味します。**主従関係**で使われるとおそばの者が主人の身のまわりを「①大切に世話する」、**親子関係**で使われると親が子を「②大切に育てる」と訳します。

親が子にひれ伏す感覚は私たちには理解できませんが、昔の親は子どもの結婚に一族の繁栄の期待をかけたのです。中流階級は上流階級への仲間入りをめざして、上流階級は政治権力の拡大をめざして、より身分の高い家柄の人との姻戚《いんせき》関係をわが子に託《たく》しました（『マドンナ古文常識』2 8 72 79参照）。だから、子どもの健康・教養などさまざまな面で、可能な限りの養育をしたのです。

例文

天皇の妻であれば多くの女房たちが**かしづく**であろう。

≫女房とは宮中《きゅうちゅう》で働く女性。女房たちが天皇の妻を「大切に世話する」。

奥ゆかしい姫君に育つようにと、親たちが**かしづき**なさる。

≫親が娘を「大切に育てる」のである。

ちょっとひと言　西洋の童話に"王さまにかしづく家来"が出てくる。①はその意味。②は親子間でも使うと理解しよう。実の親子でなくても、親代わりとなって後見する場合にも使う。

出題頻度 ★★

82

かづく

【肩付く・被く】動

現代語訳

① 褒美《ほうび》を与える
② 褒美をいただく

関連語

参 ● かづく［潜く］＝潜《もぐ》る

肩付《かたつ》くの語源と「被《かづ》く」の漢字で覚える

〝肩付く〟がつづまって「かづく」。**肩に着物をかける**が語源です。昔は、高位の人がお召《め》しの着物を脱いで肩にかけてくださるのが**最高のご褒美《ほうび》**でした（『マドンナ古文常識』124参照）。だから、「①褒美を与える」「②褒美をいただく」と訳します。①か②かは、「かづく」の主語が**ほめる側**なのか**ほめられる側**なのかで判断します。

〝肩付く〟が語源で「かづく」ができたのですが、この単語に後世の学者が「被く」という漢字を当てました。〝被服〟の字のとおり、〝着物を被《かぶ》る〟の意味ですね。語源か当て字か好きな方法で暗記しましょう。

なお、同音の単語に「潜《かづ》く＝潜《もぐ》る」もありますが、設問の対象になることはほとんどありません。

例文

大臣は着物を脱いで、歌人に**かづけ**なさった。
≫〝着物を脱ぐ〟は「褒美を与える」者の動作。

うまい歌を詠《よ》んだので、その歌人は多くの着物を**かづく**。
≫うまい歌人は多くの「褒美をいただく」のである。

ちょっとひと言　高位の人が褒美をくださるのは、多くは「うまい和歌」に対して。平安時代は、和歌が詠める風流心を第一の美徳とした。ほかに「舞のうまさ」「気配り」なども。

出題頻度 ★★

83

ついで

［序・次いで］名

現代語訳

①順序
②機会

序の字で「順序」、次《つ》いでの語源で「機会」

「ついで」は「序」という字を書きます。たまにですが、漢字の読み書きも出ています。この漢字を覚えておけば、「①順序」の訳はすぐに思い出せますね。

「ついで」の語源は〝次いで〟。「②機会」の訳は、**一つのことに次いで**（＝**連続して**）、**次のことを起こす**という発想です。こちらは、〝お出かけついでにお寄りください〟などと今も使っています。外出を「機会」にして立ち寄ってほしい…ということですね。

ド忘れを防ぐために語源から説明しましたが、もし語源理解が面倒だと思うなら、**最終的には訳を丸暗記**するしかありません。二つの訳を暗記したうえで、文脈判断をしましょう。

例文

父君は姫君たちを次々とついでに従って結婚させる。

≫娘たちを〝次々と〟年齢の「順序」で嫁《とつ》がせたのである。

ここでお会いしたのをついでに、仲よくしていただきたい。

≫出会いを「機会」にして友好を願う。

関連語

同②
105 たより＝①手段 ②ついで・機会 ③縁故

出題頻度 ★★

84

うす

［失す］動

現代語訳

① 消える・いなくなる
② 死ぬ

関連語

同②
● 煙《けぶり》となる＝死ぬ
● 露と消ゆ＝死ぬ
● 藻屑《もくづ》となる＝死ぬ
76 いたづらになる（慣用句）＝死ぬ
230 はかなくなる（慣用句）＝死ぬ

消えるのはこの場から？ この世から？

今でも〝この場から**失《う》せろ！**〟と使うように、「失す」は「①消える・いなくなる」ことです。「②死ぬ」は、**この世から消える**という発想ですね。

②の同意語には「76いたづらになる」「230はかなくなる」の慣用表現があります。また、比喩《ひゆ》的に「煙《けぶり》となる」「露と消ゆ」「（海の）藻《も》屑《くづ》となる」などと表現する場合もあります。

例文

出家《しゅっけ》を決意した男は、妻子を捨てて突然**うせ**てしまった。
≫出家のために突然ゆくえをくらましたのだ。「いなくなる」の意味。

手厚い看病の甲斐《かい》もなく、殿はついに**うせ**なさった。
≫病気だった殿がついに亡くなりなさったのである。「死ぬ」の意味。

参考 「死」を穢〈けが〉れとして恐れた平安人は、直接的な表現を避けた。ほかに「隠る」「みまかる」も「死ぬ」の意味。「煙」「野辺〈のべ〉」は火葬を意味した。『マドンナ古文常識』34参照。

出題頻度 ★★

85

いうなり

［優なり］ 形動

現代語訳

①優雅だ ②優《すぐ》れている ③優しい

関連語

同 ●やさし［優し］ =①優雅だ ②優れている ③優しい

同① **56** なまめかし＝優雅だ・優美だ

210 えんなり＝①優雅だ・優美だ ②色っぽい

「優」雅だ・「優」れている・「優」しい

「**優なり**」と書いて「いうなり」と読みます。「①優雅だ」「②優れている」「③優しい」の三つの訳があります。すべての**訳に**「**優**」**の字**が含まれていますから、暗記しやすいですね。**品性**・**感性**が話題なら「①優雅だ」、**能力**が話題なら「②優れている」と訳します。

今のみなさんが「優」の字を見て、まっ先に連想するのが「③優しい」でしょう。だから、③はあまり設問対象にはなりません。同意語は「優《やさ》し」。同じ漢字の訓読みだから当然ですね。

ほかに①の同意語として「**56**なまめかし」「**210**えんなり」があります。

例文

庭先に入ると、香《こう》の香りが**いうに**漂《ただよ》ってきた。

≫香りはセンスのよさを示すもの。優雅に漂ってきた。「優雅だ」の意味。

物言いが落ちついていて、幼いけれども**いうに**聞こえる。

≫落ちついた口調なので年齢以上に優秀に感じるのだ。「優れている」の意味。

入試情報 お供の蔵人〈くろうど〉は、あるじの大納言から、別れを惜しむ恋人を慰める言葉を任される。巧みな和歌を詠み上げて「やさし蔵人」と評判に。「優雅な」の意味。（北海道大）

出題頻度 ★★

86

やうやう

【①漸う ②様様】 副 名・形動

現代語訳

① だんだん
② さまざま

関連語

「漸《やうや》う」と「様様《やうやう》」の漢字で覚える

「①だんだん」「②さまざま」の二つの意味があります。

「①だんだん」は、漢字を当てると「**漸う**」。なじみのない字ですが、数学の時間に漸近線《ぜんきんせん》というのを習ったことはありませんか？ 曲線が**だんだん**近づいていく直線のことですね。気をつけてほしいのは、今私たちが使っている〝漸《ようや》く・やっと〟の意味ではないということです。有名な『枕草子《まくらのそうし》』の書き出し「春はあけぼの。やうやう白くなりゆく山際《やまぎは》」は学校で必ず教わるはず。「だんだん白くなってゆく」と訳します。

「②さまざま」と訳すほうの「やうやう」は、漢字にすると「**様様**」。文字どおりの意味ですね。①のほうが出題頻度は高いですが、最終的には文脈で判断しましょう。

例文

日もやうやう暮れてきたので、川のほとりで野宿をした。

≫日没は徐々に起こるもの。「だんだん」暮れるの意味。

恋愛を題材にして人間のやうやうの感情を描こうとする。

≫恋愛には喜怒哀楽《きどあいらく》のすべてが伴う。「さまざま」の意味。

出題頻度 ★★

87

ぐす

［具す］動

現代語訳

①連れて行く
②連れ添う・結婚する

関連語

同 ●あひぐす［相具す］
＝①連れて行く
②連れ添う・結婚する

「具」はともにが原義

みなさんの友だちに〝具子《ともこ》さん〟という名前の人はいませんか？　また、漢文で「具《とも》ニ」を読まされたことはないでしょうか？　「具《ぐ》す」の「具」の原義は、行動を**ともに**することなのです。

ともに行くの発想で「①連れて行く」と訳します。

また、**ともに人生を送る**の発想で「②連れ添う・結婚する」の訳もあります。「あひぐす［相具す］」も同意語です（『マドンナ古文常識』11参照）。

例文

女は小さな召使童《めしつかいわらわ》をひとりぐして、家を出ていった。
≫召使の小さな子どもをひとり「連れて行く」のである。

親の反対を押し切って、娘は名もない男にぐしてしまった。
≫男女間の「ぐす」だから「結婚する」の意味。

出題頻度 ★★

88

しのぶ

［忍ぶ］ 動

現代語訳

① 我慢する
② 人目を避ける

関連語

同① 58 ねんず＝①祈る ②我慢する
類② 34 みそかなり＝ひそか・こっそり
参 ● しのぶ［偲ぶ］＝思い慕う

忍耐の忍で耐え忍ぶ、忍者の忍で人目を忍ぶ

「忍ぶ」には、「①我慢する」「②人目を避ける」の二つの訳があります。

①の意味は〝**耐え忍ぶ**〟の表現で今に残っています。**忍耐**の「忍」の字だと覚えることもできます。

②の意味は、今でも〝**人目を忍ぶ**〟の表現で使っています。また、**忍者**の「忍」でも理解できます。忍者とはスパイ、つまり陰に〝隠れ〟て行動する者ということですね。

①の同意語に「**58** ねんず」、②の類義語には「**34** みそかなり」があります。

なお、同音の単語に「偲《しの》ぶ」があります。「亻《にんべん》」に「思」と書くとおり、「思い慕う」の意味です。〝ふるさとを偲ぶ〟などと今もふつうに使っていますから、こちらは、設問の対象になることはほとんどありません。

例文

悲しいと言葉にするのをしのびて、女は黙って背を向けた。
≫言葉にするのを「我慢し」て、黙ったのである。

しのびて愛し合う女のところへは、顔を隠して通《かよ》っていく。
≫〝顔を隠す〟の動作から人目を忍ぶ仲。「人目を避けて」の意味。

出題頻度 ★★

89

こちたし

【①事甚し　②言甚し】形

現代語訳

①大げさだ・仰々《ぎょうぎょう》しい
②うるさい・わずらわしい

関連語

同① 63 ことごとし＝大げさだ・仰々しい
103 ところせし＝①窮屈だ ②大げさだ・仰々しい ③威厳がある

参 141 いたし＝たいへん・はなはだしい

事甚《こといた》しと言甚《こといた》しの語源で暗記

「こちたし」は「こといたし」がつづまったものです。「141 いたし」は「甚し」で、今でも〝いたく感動する〟などと使うとおり、程度が「はなはだしい」ことを意味します。つまり、「こと甚《いた》し」とは、「こと」の程度が「はなはだしい」ということ。ところで、この「こと」に「事」と「言」の二つの語源があります。漢字を当てて理解しましょう。

「事」の字を当てると、「①**事甚し**」。つまり、**事を大きく構える**ことで「①大げさだ・仰々しい」と訳します。①の同意語に「63 ことごとし」「103 ところせし」があります。

「言」の字を当てると、「②**言甚し**」。つまり、**言葉数が多い**ことで「②うるさい・わずらわしい」と訳します。特に、人の噂《うわさ》がはなはだしいときなどに使います。

例文

鶴はこちたき姿であるが、天にも届くような声がすばらしい。

≫姿の描写だから「事甚し」のほう。鶴の姿は「仰々しい」。

人の噂《うわさ》がこちたくなったとしても、私の心は変わらない。

≫〝噂〟を根拠に「言甚し」と判断する。「うるさい」。

参考　語源を「事痛し・言痛し」とする説もあるが、受験生には訳と直結する語源のほうが理解しやすいので、「事甚し・言甚し」で説明した。「事」「言」の漢字は20ページ本文を参照。

出題頻度 ★★

90

おこなひ

【行ひ】名

現代語訳

①修行《しゅぎょう》
②勤行《ごんぎょう》

関連語

参
●おこなふ 動 ＝①修行する ②勤行する
●ぎやうず［行ず］＝①修行する ②勤行する

出家人《しゅっけびと》は「修行」、一般信徒は「勤行」

「行ひ」は**仏教用語**で、「①修行」「②勤行」と訳します。現代語の〝行動・実行〟の意味では問われませんから、気をつけましょう。①も②も**読経《どきょう》や写経をすること**なのですが、大学によっては選択肢に①②の両方の訳を入れてきます。つまり、微妙なニュアンスの違いを問題にするわけです。

出家をした僧や尼や修験者《しゅげんじゃ》など、いわば**仏教の専門家**が寺や山に籠《こも》って「おこなひ」する場合は、「①修行」。一般生活を送りながら**日常のお勤め**として「おこなひ」する場合は、「②勤行」になります（『マドンナ古文常識』199参照）。

動詞は「おこなふ」。音読みの「ぎやうず［行ず］」も同意語です。

例文

高雄山《たかおさん》の奥に、おこなひに専念している僧がいた。

≫〝僧〟が山の奥に籠って「修行」しているのだ。

私も関白《かんぱく》のようにおこなひして、すばらしい人になりたい。

≫関白は僧ではないから、この場合は「勤行」と訳す。

出題頻度 ★★★★

91

つれづれ（なり）

［連れ連れ・徒然］ 名・形動

現代語訳

①長く続く

②所在《しょざい》ない・手持ち無沙汰《ぶさた》だ・退屈だ

関連語

どんな場面にもピッタリ訳は「所在ない」

「つれづれ」の語源は「連《つ》れ連れ」で、**同じ状態が連続している様子**を言います。

「①長く続く」の訳は原義どおり。出題頻度は高くありませんが、難関大学がときどき出します。次に説明する②の訳が文脈に合わないときは、消去により①であると考えます。

「**②所在ない・手持ち無沙汰だ・**退屈だ」の訳は入試最頻出！ こちらは単調な状態が長く続いているときの気持ちだと理解してください。**とりたてて何もすることがない状態・何もする気が起こらない状態**です。「徒然」の字は、後世の学者が〝徒《いたず》らに時を過ごす〟の意味で当て字をしたのでしょう。語源でも当て字でも覚えやすいほうで暗記し、すぐに訳が出せるようにしておきましょう。

ところで、②には三つの訳をあげていますが、みなさんが一番覚えやすいのは、「退屈だ」だと思います。高校や予備校でもこの訳で教わることが多いのですが、「退屈だ」の一点張りでは場面に合わないこともあります。たとえば、恋人を亡くした男が「つれづれなる」日々を過ごしているとしましょう。「退屈だ」と訳すと、恋人が死んだからヒマでヒマで…という感じになってしまって変ですね。そうではなくて、恋人を失ったショックで茫然《ぼうぜん》としているのです。何をすればいいのか、身の置きどころがわからないのですね。この場面は「所在ない」の訳しか当てはまりません。

結論を言うと、**「所在ない」はどんな場面にも使えるオールマイティな訳**です。②はこの訳で覚えておくのがベストです。

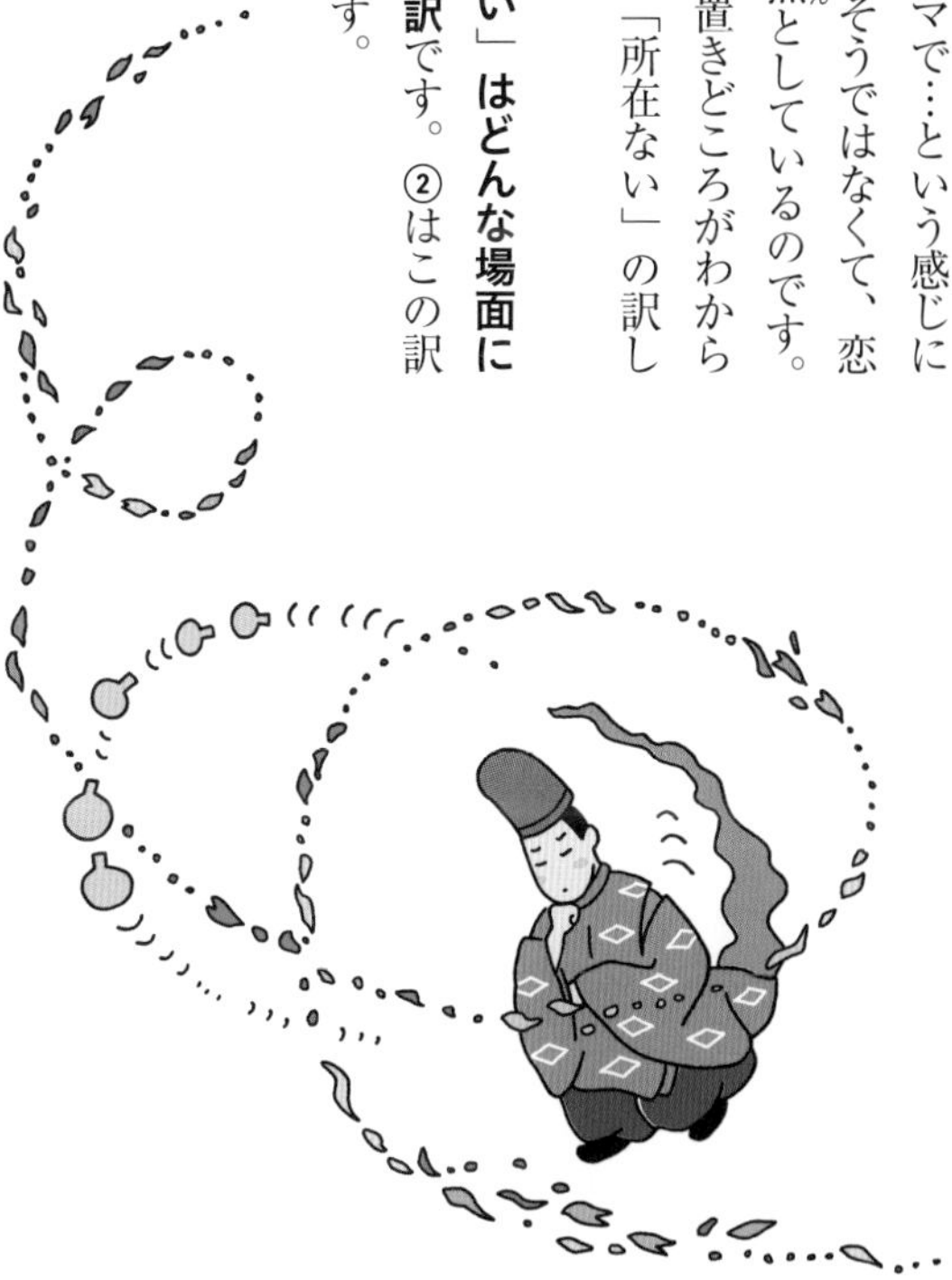

例文

つれづれなる雨によって、川の水かさが増している。

≫長々と降り続く雨で増水したのである。「長く続く」の意味。

もし物語がなかったら、つれづれを慰めることができない。

≫物語は「所在なさ」を慰めてくれるもの。

参考　兼好法師の『徒然草』は、「つれづれなるままに…」の序段から始まる。出家した作者が「所在ない」日々のなかで心に浮かぶ想念を記した、中世の随筆。

出題頻度 ★★★

92

いとほし

【Ⅰ】形

現代語訳

①いやだ
②気の毒だ
③愛《いと》しい

関連語

同① **51**うたて＝いやだ
同② **72**びんなし・ふびんなり＝①不都合だ ②気の毒だ

見るのも「いや」なほど「気の毒」で愛しい

「いとほし」には、「①いやだ」「②気の毒だ」「③愛しい」の訳があります。これらは現代語では少しずつ音が変わって、〝①厭《いと》わしい〟〝②労《いたわ》しい〟〝③愛しい〟で残っています。

右に書いた①②の現代語は、みなさんにとってはすでに死語かもしれません。その場合は、「①いやだ」をとりあえず**丸暗記**。①から②へは、**見るのも「いや」なほど**相手が「②気の毒だ」と連想します。そして、②の**同情が愛情に発展**したのが「③愛しい」。ただし、「③愛しい」は現代も使うので設問にはほとんどあがりません。最も出題頻度が高いのは「**②気の毒だ**」です。

①は「**51**うたて」、②は「**72**びんなし・ふびんなり」が同意語。

例文

人のことを非難し、見下げたようなことを言う人は**いとほし**。

≫他人の悪口を言うような人は「いやだ」ということ。

若くして貧しい生活をしている女は、たいへん**いとほし**。

≫貧しい女に対する同情。たいへん「気の毒だ」。

出題頻度 ★★★

93

ながむ

【①眺む ②詠む】動

現代語訳

①物思いに耽《ふけ》る

②朗詠《ろうえい》する

関連語

掛 ●ながめ→眺め・長雨

物思いに耽って「眺む」、ながく声を出して「詠《なが》む」

「ながむ」には、「①眺む」と「②詠む」があります。

「**①眺む**」は、遠くを見ながら「①物思いに耽る」と訳します。現代語では単に遠くを見ることですが、古文では遠くをボーッと見ながら**考えるともなく考えている様子**を言うのです。

①は入試頻出です。

また、和歌中の「**眺め**」は「**長雨**《ながめ》」とよく掛詞《かけことば》になります（『和歌の修辞法』掛詞ベスト40 28参照）。暗記しておきましょう。

難関大学は「**②詠《なが》む**」も必要。「言《ごんべん》」に「永」の字のとおり、もともとは**声をなが〜くのばす**こと。だから、和歌や漢詩を「②朗詠する」と訳します。文脈をよく見てください。

例文

あの人も同じ月を見ているだろうかと、満月をながむ。

»あの人も今ごろは…と、月を見ながら「物思いに耽る」のだ。

あの名歌人在原業平《ありわらのなりひら》がながめた三河国《みかわのくに》八《や》つ橋である。

»"名歌人"がヒント。業平が和歌を「朗詠した」場所だという意味。

入試情報 「鹿」が主語の「ながむ」を出題。鹿は物思いもしないし、和歌・漢詩の朗詠もしない…。「声をながくのばして鳴く」が正解。②の応用。（関西学院大）

出題頻度 ★★★

94

なかなか(なり)

【中中】 形動・副

現代語訳

①中途半端だ

②むしろ・かえって

関連語

「中途半端」にするなら「むしろ・かえって」するな!

「中中」と書いて「なかなか」。その字のとおり、「①中途半端だ」の訳があります。「②むしろ・かえって」の訳は、**中途半端にするくらいならむしろ・かえってやらないほうがマシ**だという発想です。現代語の〝なかなかの美人〟や〝なかなか言えない〟とは意味が違うので注意しましょう。

出題頻度は②が圧倒的。中堅大学なら②だけで十分です。難関大学では①も出題されています。難関大学志望者は、念のために両方とも覚えておきましょう。

例文

なかなかなることを学んでも、何の役にも立たない。

≫「中途半端な」学問は無益である。

顔がほっそりと痩《や》せてしまったが、なかなか美しく見える。

≫痩せたが「かえって」美しい。現代語の〝かなり〟とは違う。

出題頻度 ★★★

95

まめなり【真実なり】 形動

現代語訳

①誠実だ・まじめだ
②実用的だ

関連語

同
● まめやかなり＝①誠実だ・まじめだ ②実用的だ
● まめまめし＝①誠実だ・まじめだ ②実用的だ
● まめだつ＝誠実だ・まじめだ

「まめ」な男とは、浮気をしない「まじめな」男！

「**真実**」と書いて「まめ」と読みます。〃まみ〃がなまって「まめ」になったのでしょう。

字のとおり**心の真実**を意味し、「①誠実だ・まじめだ」と訳します。現代語の〃いやがらずによく働く様子〃は後世になっての用法。古語では性格のまじめさを意味します。たとえば、女に対して「まめな」男とは、浮気をしない「誠実な」男のこと。現代語の〃サービス好きの世話《せわ》焼き〃男とは違います。

難関大学には、「②実用的だ」の訳も必要。**真実使える物**という発想です。〃物質〃の描写の場合は②の訳です。

同意語には「まめやかなり」「まめまめし」「まめだつ」があります。すべてに「まめ」の音が入っていますね。

例文

私の結婚について、まめなる人々がさまざまな忠告をしてくれる。

≫「まじめな・誠実な」人々。〃世話焼き〃ではない！

まめなる物を贈ってもつまらないので、楽しい物語本を贈る。

≫〃物〃の説明なので「実用的な」の意味。

出題頻度 ★★★

96

にほひ

【匂ひ・丹ほひ】名

現代語訳

①**美しい色**

②**気品・威光《いこう》**

関連語

参

●にほふ 動

＝①色美しい ②香る ③気品がある・威厳がある

「に」は「丹《に》」、赤い色が原義

「にほひ」の語源は〝丹ほひ〟。「丹」の字は〝丹《に》塗《ぬ》りのお椀《わん》〟などと使うように、**赤い色**を意味します。そこから、赤だけではなく、すべての**色の美しさ**を表現するようになりました。「①美しい色」と訳します。出題頻度が高いのは、圧倒的に①です。

「〔人物〕のにほひ」の場合は、その**人物が発している色香《いろか》**の意味で、「②気品・威光《いこう》」と訳します。高位の人々の描写に使われますが、おもに、女性の場合は「気品」、男性の場合は「威光」と訳します。難関大学は②も出します。

現代語と同じ「香り」の意味もありますが、設問にあがることはまずありません。特別に香りのよい物―お香《こう》・梅の花など―の描写のときだけこの訳をしてください。

例文

梨《なし》の花は花びらの端に趣《おもむき》深い**にほひ**がほのかについている。

≫花びらの端だけが〝匂う〟のは変。「美しい色」と訳す。

この女君の**にほひ**にまさる女性はひとりもいなかった。

≫人の描写だから「気品・威光」。女性の場合は「気品」が適訳。

第4章

読解力で決まる 多義語17

三つ以上の訳を持つ多義語を集めました。「面倒くさ〜い！」と投げ出してはいけません。これらの単語は最頻出・高配点！

バラバラの丸暗記では覚える先から忘れますから、必ず語源と結びつけて、一つ一つの訳を覚えましょう。どの訳が文脈に合うかを判断する読解力も試されます。

また、場面や文脈に応じて、ふさわしい訳を自分で考え出さなければならないファジー（曖昧《あいまい》）な単語も覚えます。

出題頻度 ★★★★

97

をかし

［招し］形

現代語訳

① 興味がある・興味深い
② 美しい・かわいい
③ 趣深《おもむき》い・風流だ
④ おかしい・滑稽《こっけい》だ

＊④は平安文学には用例が少ない。

関連語

同①③④ 98 おもしろし
＝①興味がある・興味深い
②趣深い・風流だ
③おもしろい・滑稽だ

参 106 あはれなり＝感慨深い
＊すべての感情の代用語。文脈によっては「趣深い・風流だ」とも訳す。

好感を持って招き寄せるが「招《をか》し」の原義

語源は「招し」。つまり、自分のすぐそばに**招き寄せたいと思うほど好感を持つ**というのが原義です。

〝招き寄せたい〟と思うのは「①興味がある」から。また、人は「②美しい・かわいい」ものに〝好感〟を持ちます。

みなさんにピンとこないのは、「③趣深い・風流だ」の訳ですね。「趣深い」とは、文字どおり〝趣味に深い関心を持つ〟こと。今風に言うとセンスがいいということです。

昔の人の趣味は、**和歌・漢詩**の文学、**管弦《かんげん》**の音楽、花鳥風月《かちょうふうげつ》や庭園などの**景色**の三分野（『マドンナ古文常識』173 177参照）。

それらに心ひかれる場面では「趣深い」と訳します。だれかの詠《よ》んだ和歌・漢詩に対しての「をかし」、きれいな音楽を聴《き》いての「をかし」、美しい景色を見ている場面での「をかし」などは、すべて「趣深い」と訳すのです。

ただし、このような趣味に心を注ぐ余裕があるのは宮中《きゅうちゅう》に属する人々で、庶民や身分の

低い職業の者にこの訳は当てはまりません。人物や場面もチェックのポイントにしましょう。

「風流だ」の訳も同じ意味です。「**106**あはれなり」も文脈によっては同様の訳をします（124〜125ページ参照）。

「④おかしい・滑稽だ」のマイナス訳は、中世（鎌倉・室町）以降の用法。平安文学にはほとんど見られません。出題頻度の高い**平安文学では原則としてプラス訳**で使われますから、注意しましょう。

①③④の同意語には「**98**おもしろし」があります。

例文

船頭《せんどう》童《わらわ》が返歌を詠《よ》むというので、をかしと思って詠ませた。

≫教養高い和歌を、身分の低い働く子どもが詠むとは「興味深い」。

をかしき額《ひたい》のはえ際《ぎわ》の女の姿が、簾《すだれ》越しに見え覗《のぞ》く。

≫"額のはえ際""女の姿"の文脈から、「美しい」の意味。

夕月夜のをかしきころに、使者に恋文を持たせて届けさせる。

≫夕月夜が「趣深い」。恋文を送るにも、センスのよい時を選ぶ。

参考　清少納言の『枕草子』は、「をかしの文学」と評されている。好奇心旺盛な作者が、「趣深い」宮中生活を描いた随筆。詳しくは、125ページ 参考 を参照。

出題頻度
★★

98

おもしろし

［面白し］形

現代語訳

① **興味がある・興味深い**
② **趣深《おもむき》い・風流だ**
③ **おもしろい・滑稽《こっけい》だ**

＊③は平安文学には用例が少ない。

関連語

同①②③ 97 をかし
＝①興味がある・興味深い
②美しい・かわいい
③趣深い・風流だ
④おかしい・滑稽だ

「をかし≒おもしろし」と覚える

私たちは現代語において、〝おかしい〟と〝おもしろい〟をほぼ同じ意味で使っていますね。古語でも、「97をかし」と「おもしろし」はほぼ同意語です。

「①興味がある」「②趣深い・風流だ」「③おもしろい・滑稽だ」の訳は「をかし」と同じ。「美しい・かわいい」の訳は「おもしろし」にはありませんが、細かい差異は受験生には不要です。**「をかし」と「おもしろし」はほぼ同意語**と暗記しましょう。

前項で説明したように、「滑稽だ」のマイナス訳は中世以降に多い用法。**平安時代は圧倒的にプラス訳**で使われます。出題頻度が高いのは、「②趣深い・風流だ」です。

例文

宮中《きゅうちゅう》で行われる行事は、**おもしろく**興《きょう》ある。

≫〝興ある〟をヒントに「興味深い」。

霜《しも》枯《が》れの庭の様子は、絵に描《か》いたように美しく**おもしろし**。

≫庭の景色の描写だから、「趣深い」の意味。

出題頻度 ★★

99

すずろなり

［漫ろなり］ 形動

現代語訳

① なんとなく
② 不意《ふい》に
③ むやみに・やたらと
④ 無関係だ・つまらない

関連語

漫画《まんが》は、何も考えずに読む画《え》!!

「漫《すず》ろ」の字は漫画の「漫」で、**何も考えない状態**が原義です。この語源から四つの訳へ次のストーリーで暗記します。

ある日あなたは何を買うとも**考えず**に書店へ行きました。「①なんとなく」行ったのですね。そこで片思いのAさんに会いました。会えるとは**考えなかった**、つまり「②不意に」会ったのです。うれしくて内容も**考えず**にしゃべりました。「③むやみに・やたらと」話した。一方、Aさんはあなたのことなど**考えていない**様子。「④無関係だ・つまらない」というわけ。

「③むやみに・やたらと」は頻出。

例文

昔、ある男が陸奥国《むつのくに》にすずろにさまよい行き至《いた》った。

»〝さまよい〟を根拠に目的のない旅と判断。「なんとなく」。

顔の美しい女だったので、男はすずろに恋しくてしかたがない。

»女に夢中の様子。「むやみに・やたらと」恋しいのだ。

正しい学問の知識はないが、すずろなることは知っている。

»〝正しい学問〟と対義の関係。「つまらない」知識とは雑学のこと。

参考　「漫ろ」は「そぞろ」とも読む。今でも、目的のないブラブラ歩きを“そぞろ歩き”と言う。出題頻度は「すずろ」が圧倒的であるが、念のため。

出題頻度 ★★★

100 おぼつかなし

【朧摑無し・覚束無し】形

現代語訳

①はっきりしない
②不安だ・気がかりだ
③待ち遠しい

関連語

同 **101** こころもとなし
＝①はっきりしない ②不安だ・気がかりだ ③待ち遠しい

「おぼ」ろげで「つか」みどころ「なし」

「朧《おぼろ》（＝霞《かす》んだ状態）」の「おぼ」、手で「摑《つか》む」の「つか」に「無し」。合わせると、「おぼつかなし」とは、**ぼんやりしてつかみどころのない**様子のこと。「①はっきりしない」は語源そのままの訳ですね。

はっきりしないことを**悪いほうへ考えると**、「②不安だ・気がかりだ」。逆に明るく**前向きに考えると**、はっきりする日が「③待ち遠しい」ということになります。

②③は、文脈が**マイナス感情かプラス感情か**で判断します。

「**101** こころもとなし」は、①②③ともまったくの同意語。

例文

漢詩のおぼつかなきところどころを解説してくださる。

»「はっきりしない」箇所を解説。「わからない」の意訳も可。

母を亡くした若宮はたいへんおぼつかなく涙がちであった。

»〝母の死〟〝涙がち〟からマイナス文脈。「不安だ」の意味。

昨夜の共寝《ともね》から、朝昼のわずかの間《あいだ》も恋しくおぼつかなく思う。

»朝昼の間も待ちきれないほど、夜の通《かよ》いが「待ち遠しい」。

出題頻度 ★★★

101 こころもとなし

［心許無し］形

現代語訳

①はっきりしない
②不安だ・気がかりだ
③待ち遠しい

関連語

同 100 おぼつかなし＝①はっきりしない ②不安だ・気がかりだ ③待ち遠しい

参 29 がり［許］＝〜のところへ

「心」の落ちつく「許《もと》」が「無し」

「もと」は〝母の許《もと》（＝ところ）へ帰る〟の「許」。「心許無し」は**心の落ちつくところがない**が原義です。

心がふらふらしていて「①はっきりしない」。あとは、前項「100おぼつかなし」と同じ手順。**マイナス感情**が「②不安だ・気がかりだ」、**プラス感情**が「③待ち遠しい」。

例文

花びらの端に美しい色がこころもとなくついているようだ。

»「はっきりしない」色がついている。「ほのかに・かすかに」の意訳も可。

久しく連絡がないので、約束はどうなったのかとこころもとなし。

»〝連絡がない〟〝どうなったのか〟のマイナス文脈から「不安だ」。

早く都に帰れる日がこころもとなく、日数を数えている。

»都に帰れる日を指折り数えて「待ち遠しく」思うのである。

✎参考　動詞「こころもとながる」は、「②不安がる」「③待ち遠しがる」と訳す。①に当たる訳は動詞にはないが、細かい差異は気にしない。

出題頻度 ★★

102

よ
よのなか

［世］名

［世の中］名

現代語訳

①世間・俗世《ぞくせ》
②男女の仲
③政治

関連語

参 117 世をすつ・世をのがる・世をそむく
世をかる・世をいとふ＝出家する

「男女の仲」と「政治」は昔から「俗世」を騒がす!?

「①世間・俗世」のほかに、「②男女の仲」「③政治」の訳があります（『マドンナ古文常識』13 65参照）。世の中は男と女で成り立っているし、世の中を動かすのは政治だから…。今でもワイドショー種《ネタ》のトップは男女仲と政治のゴシップですが、昔からこの二つが**俗な世間の関心事**だったのでしょう。

出題頻度が高いのは、「②男女の仲」。文脈が**恋愛話**なら、この訳を選びます。「③政治」は、難関大学がときどき出題。「①世間・俗世」のうち、「俗世」と訳すのは文脈が仏教話のとき。なお、「俗世」を棄《す》てて出家《しゅっけ》するという表現はたくさんあります（138ページ参照）。

例文

喧嘩《けんか》をしたきり夫の通《かよ》いがない。あっけない**よのなか**だと思う。

≫通い婚の時代、夫が来ないと「男女の仲・夫婦の仲」は消滅する。

よのなかのことは、摂政父子《せっしょうおやこ》の思うがままであった。

≫〝摂政〟は天皇に代わる治世者。父子で「政治」を牛耳《ぎゅうじ》った。

参考　「②男女の仲」は、その男女が結婚していれば「夫婦の仲」と意訳されることもある。

出題頻度 ★★★

103 ところせし

【所狭し】形

現代語訳

① 窮屈《きゅうくつ》だ
② 大げさだ・仰々《ぎょうぎょう》しい
③ 威厳がある

関連語

同② 63 ことごとし＝大げさだ・仰々しい
89 こちたし＝①大げさだ・仰々しい ②うるさい・わずらわしい

心身の「窮屈」は、相手の「大げさ」「威厳」が原因

「所狭し」の字のとおり、もとは**場所が狭い**ことを意味しましたが、のちに精神的な**肩身《かたみ》の狭さ**の意味にも使われるようになりました。辞書にはいろいろな訳が書いてありますが、心身が「①窮屈だ」とまとめて暗記。①は全レベルの大学で頻出です。

自分が窮屈を感じるのは、逆に言うと相手の存在が大きいから。相手の存在が**悪い意味**で大きいと「②大げさだ・仰々しい」、**よい意味**で大きいと「③威厳がある」となります。②③は難関大学には必要。②の同意語は「63 ことごとし」「89 こちたし」。

例文

幼少の頃から宮中《きゅうちゅう》でお育ちなので、自由がなく**ところせし**。

≫"自由がない"の文脈から精神的に「窮屈だ」。

わざわざ見舞いに行くのも**ところせし**。ついでのときに見舞おう。

≫"わざわざ"は「仰々しい」。さりげなく見舞いたいのだ。

大臣の**ところせき**姿をひと目見ようと、家々の人々が出てきて見る。

≫人々が見たいと思う姿だからプラス訳。「威厳がある」。

入試情報 「①窮屈だ」は、精神的な意味で使われると「気づまりだ・遠慮がある・恐縮する」などと意訳されることもある。文脈に応じた適訳を選ぼう。

出題頻度 ★★★

104

ちぎり

【契り】名

現代語訳

①約束
②親しい仲・（男女の）深い仲
③宿命

関連語

参 ●ちぎる動＝①約束する
②親しい仲になる

「約束」するのは「親しい仲」、神仏の契約は「宿命」

「**契り**」と書いて、「ちぎり」と読みます。漢字の読み書きもときどき出ています。**契約**の「契」の字だから、「①約束」の訳は理解できますね。

友だちになろうネ・恋人になろうネと約束するから、「②親しい仲」の訳もあります。恋愛の場面では、男女が「深い仲」になると訳すこともあります…（『マドンナ古文常識』4参照）。みなさんのおばあちゃんの世代は、夫婦になることを〝契りを結ぶ〟などときれいに表現したのですよ。

「③宿命」の訳は、**神仏の人間に対する契約**と考えれば理解できます（『マドンナ古文常識』197参照）。

例文

子どもの将来を確かに見守ることを**ちぎり**、手元に引き取った。
≫親に将来の保証を「約束」し、子どもを譲り受けたのである。

男も女もまだ若かったけれど、**ちぎる**心を結び交《か》わした。
≫男女の「契る」は「深い仲」になる。結婚の意志を交わした。

あなたの入水《じゅすい》自殺を私が救ったのも前世《ぜんせ》の**ちぎり**でしょう。
≫昔は、現世《げんせ》の出会いや幸不幸は前世からの「宿命」と考えた。

入試情報 動詞「ちぎる［契る］」で出ることもある。「①約束する」「②親しい仲になる」と訳す。③に当たる訳は動詞にはないが、細かい差異は気にしない。

出題頻度 ★★★

105

たより

［手寄り・便り・頼り］ 名

現代語訳

①手段
②ついで・機会
③縁故《えんこ》

関連語

同② 83ついで＝①順序 ②機会
参 75せうそこ＝①連絡・手紙 ②挨拶・訪問
171ふみ＝①手紙 ②書物 ③学問 ④漢詩

手寄りで、手がかりにするが原義

「たより」は「頼り・便り」と書きますが、もともとの語源は手で寄りかかるという意味の〝手寄《たよ》り〟。**手がかりにする**が原義で、「①手段」と訳します。

「②ついで・機会」の訳は、**一つのことを手がかり足がかりにして次のことをする**という発想です。

「③縁故」の訳は、家族・友人・知人が**人生の心強い手がかり**だから。人はまわりの人の温かい手に寄りかかってこそ生きていけると考えたのです。難関大学が出したことがあります。

出題頻度が高いのは「②ついで・機会」です。

②の同意語には「83ついで」があります。

例文

この木で観音《かんのん》仏を作ろうと考えたが、持ち帰る**たより**がない。
» 大木を持ち帰る「手段」がないのである。

酔った大将の突然の来訪に、大臣は「どこへ行く**たより**か」と尋ねた。
» よそへ行く「ついで」の訪問かと、突然の無礼に不快を示す。

子どものことを**たより**の人に頼んで、女は遠くへ旅立った。
» 旅立ちに際し、子どもを親戚縁者に頼むのである。「縁故」の意味。

入試情報 「たより」が「手紙」の意味で問われることはない。現代語と同じ意味を問う必要はないから。逆に「手紙」の意味で出るのは「171ふみ」「75せうそこ」。

出題頻度 ★★★★

106

あはれなり

【Ⅰ】形動

現代語訳

感慨《かんがい》深い
＊すべての感情の代用語。具体的な感情は文脈判断。

関連語

参
● あはれがる 動 ＝感慨深く思う
168 あはれ 感 ＝ああ
97 をかし＝①興味がある・興味深い ②美しい・かわいい ③趣深い・風流だ ④おかしい・滑稽だ

「あ〜は〜れ〜」は、ため息。胸キュンの感情いろいろ

「あはれ」は、「あ〜は〜」「あ〜れ〜」というため息・心の叫びをそのまま文字にしたものです。**ため息や洩《も》れ声が出るほど感極《きわ》まった様子**で、一般的には「感慨深い」と訳します。この訳語はみなさんには古めかしく思えるでしょうが、選択肢に使われるので丸暗記。感覚的には**胸がキュ〜ンとする感じ**と理解してください。

ため息は、〝ああ、うれしい〟〝ああ、悲しい〟〝ああ、愛《いと》しい〟など、いろいろな感情の極みで発せられます。原則は「感慨深い」の訳でいいのですが、踏み込んで**具体的な感情**を問うこともあります。うれしい・悲しい・愛しい…など、文脈に合う訳を自分で考え出しましょう。動詞「あはれがる＝感慨深く思う」も同様に文脈判断します。

平安時代に最も大切にされた感覚・感性は「風流心《ふうりゅうしん》」でした。「あはれなり」はすべての感情の代用語ですから、文脈によっては「**趣《おもむき》深い・風流だ**」と訳されることも。

同語源の「168あはれ」との品詞の違いに注意（186ページ参照）。

入試情報 「あはれなり」とは別の語に「168あはれ」がある。同語源の単語であるが、品詞が違うので文法問題にも出る。詳しくは、186ページ参照。

例文

男はますます女をあはれに思い、熱心に通《かよ》い続けた。

»「愛しく」思う。〝気の毒だ〟は根拠がないのでダメ。

雨に向かって見えない月を恋しく思うのも、またあはれなり。

»名月も風流だが、雨に隠れた月を心で想うのも「趣深い」。

恋人を亡くして以来、見るものすべてがあはれなり。

»恋人を失った悲嘆の描写。「悲しい」「むなしい」が適訳。

参考

「あはれ」の文学・「をかし」の文学

「あはれなり」も「をかし」も「風流だ・趣《おもむき》深い」と訳しますが、微妙にニュアンスが違います。「あはれなり」は主観的・感情的、「をかし」は客観的・理性的な表現なのです。

たとえば、桜が散るのを見て同じく「趣深い」と感じても、〝ああ、まるで私の人生だわ〟と感情移入をするのが「あはれなり」の世界、〝散るからこそ美しいのよ〟と知的に捉《とら》えるのが「をかし」の世界です。

『枕草子《まくらのそうし》』は「をかしの文学」と言われています。清少納言《せいしょうなごん》は宮中《きゅうちゅう》の様子を何度も「をかし」と表現しました。社交界の「風流」を〝客観的〟に描いたのですね。

一方、本居宣長《もとおりのりなが》（江戸時代の国学者）は『源氏《げんじ》物語《ものがたり》』を「あはれの文学」と評しました。紫式部《むらさきしきぶ》は『源氏物語』の中で人間の持つ「すべての感情」を描ききった、と言うのです。「あはれなり」の〝主観的〟表現が読者の共感を誘うのですね。

出題頻度 ★★★

107

ゆゆし

［忌忌し］形

現代語訳

①畏《おそ》れ多い
②不吉だ・縁《えん》起《ぎ》が悪い
③たいへんすばらしい
④たいへんひどい

関連語

同① 54かしこし＝畏れ多い
類③④ 108いみじ＝①たいへん ②たいへん〜

近づきがたい敬意、近づきたくない嫌悪《けんお》

「忌忌し」と書きます。お葬式のときに「忌」の紙を玄関に貼りますが、関係者以外は〝近づかないで〟ということ。だから、**近づかない・触れない**が原義です。

神仏や最高位の人物に対しては、立派すぎて**近づきがたい**の発想で「①畏れ多い」。逆に、**悪霊や不幸に近づきたくない**の発想で「②不吉だ・縁起が悪い」の訳があります。

①②は極端な相手に使う訳ですが、**一般的な対象**の場合は、近づけないほど「③たいへんすばらしい」「④たいへんひどい」の訳。④は〝ゆゆしき問題〟と今も使います。

①の同意語は「54かしこし」、③④は「108いみじ」が類義語。

例文

口にするのも**ゆゆしき**神の護《まも》りのお陰で、長生きができた。
≫みだりに口にできないほど「畏れ多い」神のお陰。

従者を与えられるくらいの身分の貴族は**ゆゆし**と見える。
≫従者を持てるほどの身分の貴族は「たいへんすばらしい」。

ちょっとひと言　不吉と考えたものに、死・別れの涙・物の怪〈け〉・暦の凶日などがある。別れの涙は“死別”の予兆だと考えた。72ページ「58ねんず」の例文を参照。

出題頻度 ★★★

108

いみじ

［忌み忌みしの約］ 形

現代語訳

① たいへん
② たいへん〜
＊②は「〜」の部分を文脈補足する。

関連語

類② 107 ゆゆし＝①畏れ多い ②不吉だ・縁起が悪い ③たいへんすばらしい ④たいへんひどい

「たいへん」どうなのか、言葉足らずは文脈補足

「**忌《い》み忌《い》みし**」がつづまったのが「いみじ」。「107ゆゆし［忌忌し］」と同語源ですが、より大まかな意味で「**①たいへん**」と訳します。「いみじくうれし＝たいへんうれしい」のように後ろへ訳がスンナリ続くときはいいのですが、ただ「いみじ」とだけあって**後ろの言葉が省略されている場合**は、「たいへん」どうなのかを自分で補う必要があります。とりあえずは「②たいへん〜」と保留にしておいて、**前後の文脈をよく見てから補足**しましょう。「〜」の部分に入る言葉は何でもあり。適訳を捻《ひね》り出します。

「すばらしい」「ひどい」が入る場合もありますから、「107ゆゆし」と類義語。

例文

若君のお誕生を、父君も母君もいみじく喜びなさった。
» 男子誕生を両親ともに「たいへん」喜びなさった。

世間の人々は、彼をいみじき孝行者とほめ讃《たた》えた。
» 〝孝行〟〝ほめ讃え〟の文脈から「たいへんすばらしい」。

夫に捨てられた女を見て、人々は「いみじ」と涙ぐむ。
» 女に対する人々の感情。「たいへん気の毒だ」が適訳。

入試情報 「②たいへん〜」の補足訳が選択肢の決め手になることがある。難関大学志望者はふだんから心がけて補足する訓練をしておこう。（関西大・青山学院大など）

出題頻度 ★★★

109

ものす

［一］動

現代語訳

①いる・ある ②する

*代動詞。具体的な動作は文脈判断。

関連語

「ものす」はbe動詞・do動詞！　すべての動詞の代わり

「もの」は〝物悲しい〟の「もの」と同じで、漠然《ばくぜん》とした何かを表す語。「す」は、「する」と訳すサ行変格活用（サ変）の動詞「す」です。要するに、「ものす」とは〝何かをする〟こと。英語のdoと同じく、どんな動詞の代わりでもする**代動詞**なのです。

気をつけてほしいのは、「ものす」はbe動詞の代わりもするということ。「いる・ある」の訳の可能性もあります。

「ものす」が出てきたら、とりあえず「いる・ある」の**be動詞訳**を当てはめてみます。ダメだったら、「〜する」の**do動詞訳**に切り換え、前後の文脈から**具体的な動作**を考えます。

例文

この女は気が強く、意地の悪いところの**ものする**人であった。

≫性格に意地の悪いところが「ある」という意味。

天皇は病重く、お食事もわずかしか**ものし**なさらない。

≫食事を「食べる・口にする」こともできないほどの重病。

女房たちは牛車《ぎっしゃ》に乗って、祭り見物に**ものす**。

≫牛車に乗って祭りを見に「行く」の意味。

入試情報　「ものす」は活用の種類も問われるから、「サ行変格活用」と覚える。「もの」に、サ変動詞の「す」がくっついて一語となった複合語だから。

出題頻度 ★★★

110

ゆかし

【行きたしの約】形

現代語訳

〜したい

＊「〜」の部分を文脈補足する。

関連語

行きたいが語源。行って何かを「〜したい」

「ゆかし」は「行《ゆ》きたし」がつづまったもの。だから、**語源は〝行きたい〟**という意味です。

ところで、東京ドームへ行きたい…という言い方は、単にドームの前まで行けば気がすむという意味ではありませんね。行ってドームの〝中を見たい〟のだし、試合も〝観戦したい〟のだし、グッズも〝買いたい〟わけです。つまり、〝行きたい〟には**いろいろな「〜したい」**が付随《ふずい》します。そこで、「ゆかし」は「〜したい」の意味で使われるようになりました。

とりあえずは「〜したい」と訳しておいて、**前後の文脈から何をしたいのかを補足**してください。お風呂に「ゆかし＝入りたい」、ご飯を「ゆかし＝食べたい」…。ネ、この要領です。

例文

別れた恋人をひと目ゆかしくて、垣根越しに覗《のぞ》いてみる。

≫〝ひと目〟〝覗く〟の文脈をヒントに「見たい」の意味。

鶯《うぐいす》の鳴く声をゆかしと、梅の咲くのを心待ちにしている。

≫梅の花の咲くころに鶯が来る。その声を「聞きたい」。

出題頻度 ★★

111

たがふ

［違ふ］ 動

現代語訳
違う
＊意訳は文脈で考える。

関連語

何が「違う」のかで、意訳いろいろ

「たがふ」は、今は少し音が変わって「ちがう」と言っています。年配の人なら、〝仲違《たが》いをする〟〝約束を違《たが》える〟などの表現で今でも使っています。

「違《ちが》う」が直訳ですが、**場面によってさまざまに意訳**されることがあります。「行き違う」「食い違う」「間違う」は、訳に「違う」の文字がありますから理解できますね。

このほか〝心がすれ違う〟の発想で「仲が悪くなる」、〝互い違いに仕事をする〟の発想で「交代《こうたい》する」、〝約束を間違う〟の発想で「約束を破る」などの意訳があります。辞書にはそれぞれ別項であげてありますが、いちいち暗記したらキリがありません。とりあえず「違う」と訳して、言葉不足の場合だけ**文脈に合う適訳**を考えます。

例文

父の教えにたがふとしても、自分の心のままに生きてみたい。

≫父の教えとは「違う」。教えに「背く・逆らう」の意訳もよい。

こちらの舟とあちらの舟が湖の上でたがひて行く。

≫舟と舟が湖の上で「すれ違う・行き違う」の意味。

入試情報　外出に際して牛車を待っていたところ、「車は、牛はたがひて、馬なむはべる」との知らせ。牛車は「いつもと違って」都合がつかず、馬ならあるということ。(東京大)

出題頻度 ★★

112

わたる

［渡る］動

現代語訳

移動する

＊具体的な移動の動作は文脈判断。
＊慣用句 世を渡る＝生きていく

関連語

参 ●～わたる＝①～し続ける ②一面に～する

行く・来る・通る…移動のすべてに使う

「渡る」は、古文では「**移動する**」ことのすべてに使います。「行く」「来る」「通る」など**具体的な移動の意訳**もありますので、「移動する」と訳してから**文脈に合う適訳**を考えます。

また、「**世を渡る＝生きていく**」は慣用句として暗記。

例文

寺の前をわたるときに、僧の読経《どきょう》の声が聞こえてきた。

≫寺の前を「通り過ぎる」ときに、ちょうど読経が流れてきた。

中宮《ちゅうぐう》が天皇の部屋にわたりなさるので、女房がお供《とも》する。

≫中宮がご自分の部屋から天皇の部屋へ「行く」のである。

参考

「**～わたる」は動作の時間的・空間的〝移動〟**

ほかの動詞にくっついた「～わたる」の場合は、「①～し続ける」「②一面に～する」と訳します。

たとえば、「①住み渡る＝住み続ける」「②霧《きり》立ち渡る＝一面に霧が立ちこめる」などの表現です。①は動作の時間的移動、②は空間的移動と考えれば、語源との関連も理解できます。

入試情報 選択肢に「行く」「来る」「通る」などの具体的な移動の動作が並べられたときは、意訳を要求されていると考え、文脈判断する。（早稲田大）

出題頻度 ★★

113

さかし

［賢し］形

現代語訳

①しっかりしている
＊何が「しっかりしている」かは文脈判断。

②利口ぶる

関連語

同② 125 さかしら・こざかし
さかしだつ＝利口ぶる（こと）

参 54 かしこし＝畏れ多い

反① 37 をこなり＝ばかだ・愚かだ

体・心・頭が「しっかりしている」or「利口ぶる」

「賢し」と書いて「さかし」。才知だけでなく、**いろいろな面でしっかりしていること**を意味します。体のしっかりは「丈夫《じょうぶ》だ」、心のしっかりは「気丈夫だ・気が強い」、頭のしっかりは「賢い」と意訳されます。「①しっかりしている」と覚えておいて、意訳を要求されたら**適訳を文脈判断**します。

「さかし」が**マイナス訳**で使われた場合は、「②利口ぶる」と訳します。②の同意語としては「**125** さかしら・こざかし・さかしだつ」。

例文

雷《かみなり》が落ちてきそうでみな怖く、**さかしき**人はひとりもいない。

≫雷が怖くて、「気丈夫な」人はひとりもいない。

さかしき人の占いでも娘を養女に出すべきだというので決心する。

≫「賢い」人の占いだから決心する。昔は占いで事を決めた。

愚かな者が本当に賢い人に物を教えたりするのは**さかしき**ことだ。

≫愚か者が「利口ぶる」と非難している。

入試情報　いろいろな意訳を選択肢に並べられたら、「何がしっかりしているか」を考える。経済的にしっかりしているという文脈は「裕福だ」。（早稲田大）

第5章

まとめ暗記で得する 同意語・類似語・対義語・反意語41

　同意語がたくさんある場合は、一語ずつ神経質に覚えようとするよりも、共通点で大まかにくくって、まとめ暗記するほうが効率的。どの単語も入試によく出ていますから、ラクラク暗記で優位に立ちましょう。

　逆に、紛らわしい類似語は比較区別して暗記します。

　出題頻度の高い対義語・反意語もペアで暗記。反射的に答えられるようになるまで訓練してください。

出題頻度 ★★★

114

え～打消　～あへず　～かぬ

え～ 打消 ［得］ 副

～あへず ［敢へず］ 動＋助動

～かぬ ［－］ 接尾

現代語訳

～できない

関連語

出題頻度 ★★

115

かたし

［難し］ 形

現代語訳

難しい・できない

関連語

参 40 ありがたし＝めったにない

「できない」と訳す四つの単語

「え～打消」の「え」は「得」。今は〝～得ない〟の形で〝理解し得ない〟などと使っていますが、古文では、**「え」と「打消」の間に動作**が割って入り、「え聞かず＝聞くことができない」などとなります。

「～あへず」の「あへ」は「敢へ」。〝**敢《あ》えて**（＝進んで）～してもダメ〟という語源から、「～できない」と訳します。

「～かぬ」は、現代語では〝かねる〟と言っています。〝賛成し**かねる**（＝賛成できない）〟などと言いますね。

「かたし」は「難しい・できない」と訳します。

入試情報　「え～打消」は呼応（陳述）の副詞として文法問題にもよく出る。詳しくは、182～183ページ参照。

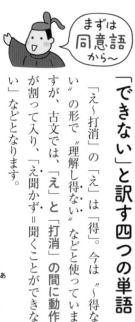

「**難し**」の漢字を覚えれば、意味はそのまま。また、今も〝賛成し**がたい**（＝賛成できない）〟などと使っています。

どの語も現代語になごりを残していますから、暗記に苦しむことはないでしょう。

このなかで最も頻度が高いのは「え～打消」です。傍線訳はもちろん、空欄補充問題にもよく出ています。空欄の場合は「□聞かず」などとなっており、文脈上「できない」の意味であることを確認のうえで「え」を入れるというパターンが圧倒的。

次に頻度が高いのは「かたし」で、多くの場合は傍線訳を要求されます。

「～あへず」や「～かぬ」は直接的に設問にあがることはまれですが、「え～打消」や「かたし」と**同意語**であることを知っていないと解けない問題が出たことがあります。四語をひとくくりにして暗記しておきましょう。

例文

人目を忍ぶ恋なので暗いうちに帰ろうと思うが、**え帰らず**。

» 人目につかないうちに帰らねばと思いつつも、別れがつらくて「帰れない」。

日々の寂しさを口にすることも**あへぬ**ほど短い訪問だった。

» 寂しいと言うことも「できない」ほどのあっけない訪問。

流れる涙を互いにとめ**かね**つつ、右に左に分かれて旅立つ。

» 別れ別れになる悲しさに、涙を止めることが「できない」。

二人の仲を裂こうとしても、分けることの**かたき**心である。

» 分けることの「できない」結びつき。〝固い〟ではない。

入試情報　何が「難しい」のか、文中の「かたし」の具体的内容を問い、次行の「渡りぞかぬる涙川＝涙で川を渡れない」に着目できるかを試した。「かたし」と「かぬ」は同意語。（甲南大）

入試情報　あり得ないほどの価値を表す「えならず＝なんとも言えないほどすばらしい」は慣用表現。まれに出る。（早稲田大）

出題頻度
★★★

116

さらに〜 打消 [更に] 副
よに〜 打消 [世に] 副
よも〜 打消 [世も] 副
つゆ〜 打消 [露] 副
ゆめ〜 打消 [ー] 副
ゆめゆめ〜 打消 [ー] 副

現代語訳

まったく〜ない

＊全面否定の訳には
・絶対〜ない
・決して〜ない
・少しも〜ない
などがある。

関連語

同
●**つやつや**〜打消＝まったく〜ない
●**たえて**[絶えて]〜打消＝まったく〜ない
●**すべて**〜打消＝まったく〜ない
229 ●**かまへて**＝①注意して・心して ②[肯定]必ず ③[否定]決して〜ない

参
196 **さらなり**＝言うまでもない・もちろん
17 **をさをさ**〜打消＝ほとんど〜ない

全面否定のいろいろ

見出しの語群は、どれも**打消・否定語**を伴って、「まったく〜ない」と訳す**全面否定**です。すべて入試頻出の単語です。

「よに〜打消・よも〜打消」の「よ」は「世」。**世の中にない**が原義で「まったく〜ない」と訳します。

「つゆ〜打消」は**露ほどもない**という発想。露ほどのわずかの可能性も否定するのですから、全面否定は納得できますね。

「ゆめ〜打消・ゆめゆめ〜打消」は、語源を

説明しても、暗記の助けになりません。こじつけですが、**夢にも考えない**のゴロで覚えましょう。時代劇などを見ていると、〝この恨み、ゆめゆめ忘るなよ〟などと敵に向かって捨てゼリフを吐く場面がよく出てきます。〝絶対に忘れるな〟ということですね。このように、「ゆめ～**禁止**」「ゆめゆめ～**禁止**」の形が圧倒的です。

見出し語はどれも入試頻出ですが、なかでも最頻出は「**さらに**～打消」。今は重ねて使う〝そんな気は**さらさら**ない〟**の「さら」と同語源**です。紛らわしい語には「**196**さらなり」があります。参照してください。

出題頻度は低いですが、「つやつや～打消」も同意語。

難関大学は「絶えて～打消」「すべて～打消」「かまへて～打消」なども出します。「絶えて」は文字どおり〝絶対〟が原義。「すべて～打消」は説明するまでもなく全面否定。「かまへて～打消」は「**229**かまへて」を参照してください。

また、紛らわしい語に、部分否定の「**17**をさをさ～打消」があります。

例文

男は下仕《しもづか》えの女と結婚しようとしたが、親はさらに許さず。
» 身分の低い女との結婚を、男の親は「絶対に許さない」。

笑顔が美しく、悩みを抱えているようにはよも見えず。
» 悩んでいるようには「まったく見えない」ほどの笑顔。

成人したら結婚しようと約束したことをゆめ忘るなよ。
» 結婚の約束を「決して忘れてはいけません」よ。

入試情報　全面否定の語は、すべて呼応（陳述）の副詞。詳しくは、182～183ページ参照。また、「さらに」など「に」で終わる副詞については、20ページの入試情報を参照。

出題頻度
★★★

117

世を 名＋格助

すつ［捨つ・棄つ］動
のがる［遁る］動
そむく［背く］動
かる［離る］動
いとふ［厭ふ］動
みぐしおろす［御髪下ろす］名＋動
かしらおろす［頭下ろす］名＋動

現代語訳

出《しゅっ》家《け》する

＊「受戒《じゅかい》」「剃髪《ていはつ》」「得度《とくど》」の意訳もある。

関連語

同 212 ● ほっしんす［発心す］＝出家する
やつす・やつる＝①地味な姿に変える ②出家する

参 102 よ＝①世間・俗世 ②男女の仲 ③政治
203 かる［離る］＝離れる

俗世《ぞくせ》を拒否、頭・髪を剃《そ》り出家する

「出家する」と訳す表現がたくさんあります。まとめて覚えましょう。「世を〜」の「世」は**俗世**を意味します。「捨つ・棄《す》つ・遁《のが》る・背《そむ》く・離《か》る・厭《いと》ふ」はすべて拒否感の強い語群。**俗世を拒否する＝出家する**と理解しておけば、一語一語を神経質に覚える必要はありません。「世を～」の語群のなかで漢字の読み書きが出るのは「**離**《か》**る**」。注意しましょう。

「御髪《みぐし》下ろす」「頭《かしら》下ろす」は、**髪を切って頭を丸める**こと。つまり、出家して僧・尼の姿になることです。

「おろす」を〝切る〟の意味で使うのは、〝魚を三枚におろす〟などの表現で今に残っていますから理解できますね。「頭下ろす」は出題頻度は低いですが、「御髪下ろす」のほうはよく出ています。「**御髪**《みぐし》」の漢字の読み書きも頻出。

難関大学志望者は、以上の語群のほかに「発《ほっ》心《しん》す」も覚えておきましょう。仏道心を発《お》こすが原義。ついでに言うと、鴨長明《かものちょうめい》の『発心集』は、読者が仏道に入ることを決心するようにと意図して書かれた仏教説話《せつわ》。単語の意味を知っていると、ジャンルも理解できます。

難関大学志望者に注意事項をもう一つ。難関大学は「出家」の意味で、「受戒《じゅかい》」「剃髪《ていはつ》」「得《とく》度《ど》」の訳語を使う場合もあります。

なお、仏教全般については『マドンナ古文常識』186～205参照。

例文

世をそむき山林に入ったが、まだ恋人に心を残していてつらい。

»「出家をし」ても、恋人への未練は簡単には断ち切れない。

あなたが世をかるとは、あまりに突然で悲しくてならない。

»「出家する」と俗世の人間関係は断たれる。それが悲しい。

不《ふ》義《ぎ》密通《みっつう》を犯した罪悪感に耐えかねて、みぐしおろしなさる。

»罪悪感に苛《さいな》まれ、仏の浄《きよ》めを求めて「出家する」のだ。

❶注意事項　「かしらおろす」と紛らわしいのは「かしらけづる[頭梳る]＝髪を櫛〈くし〉で梳く〈すく〉」。丸坊主と、長い髪をとくのとは大違いなので要注意！『マドンナ古文常識』144参照。

出題頻度 ★★

118

いとけなし
いときなし
いはけなし

[ク] 形

現代語訳

幼い

「〜気無し」で、悪気のない「幼い」子

「いとけなし・いときなし・いはけなし」なんて、まるで早口言葉みたい。きちんと一語一語覚えようとすると、頭がゴチャゴチャになります。

共通音は「〜きなし」「〜けなし」。気持ちの「き」、気配《けはい》の「け」で、漢字はすべて「〜気無し」に統一できます。「〜気無し」とは、もとは**悪気がない**ということ。だから、「幼い」と訳します。「いとけなし」は、〝いとけない寝姿〟などと今でも使いますね。

反意語「**23** おとなし」「**224** をさをさし」も参照してください。

例文

いはけなきころから頭がよく、学問に熱心な人であった。

≫「幼い」ころから頭がよく、勉強好きだった。

関連語

反 **23** おとなし＝大人らしい・分別がある
大人びている・大人っぽい

224 をさをさし＝大人びている
しっかりしている

出題頻度 ★★

119

うるさし
むつかし

【　】形

【　】形

現代語訳

わずらわしい
面倒だ
不愉快だ

うるさくない「うるさし」、難しくない「むつかし」

古語の「うるさし」は「わずらわしい・面倒だ・不愉快だ」の意味。今でも〝ゴテゴテした飾りつけが**うるさい**〟などと、「**不愉快だ**」の**意味**で使っています。現代語には〝音がうるさい〟の意味もありますが、古語ではまれですので要注意！「うるさい・やかましい」を意味する古語は「123かまし・かしまし・かしがまし・かまびすし」「124らうがはし」です。

「うるさし」と同じ意味の語に、「むつかし」があります。〝赤ちゃんが**むつかる**〟の「**むつか**」**と同語源**で、**ぐずぐずと不平や文句を言う**感じ。だから、「わずらわしい・面倒だ・不愉快だ」と訳します。現代語の〝難しい〟の意味はありません。「難しい」と訳す古語は「115かたし」。

例文

その姫君は化粧はうるさしと言って、まったくなさらない。

≫お化粧をするのは「わずらわしい」と、素顔のままでいる。

日が暮れても客人が長居をして帰ろうとしないのはむつかし。

≫客のずうずうしさが「不愉快だ」。〝難しい〟ではない。

関連語

参 ●むつかる 動 ＝面倒がる・不愉快に思う

出題頻度 ★★

120

うつくし
らうたし

［愛し］形
［労たし］形

現代語訳

かわいい

＊うつくし⇩形の小ささへの客観的評価。
＊らうたし⇩愛するものへの主観的心情。

関連語

参 **66 うるはし**＝きちんと整って美しい

「うつくし」は客観的形状、「らうたし」は主観的心情

「うつくし」の「うつく」は、現代語の〝**慈**《いつく》**しむ**〟の「**いつく**」**と同語源**。**小さい子ども・か弱い女性に対するいたわりの気持ち**が原義で、「かわいい」と訳します。現代語と同じ「美しい」の意味は中世以降の用法で、設問に出ることはありません。

「らうたし」は「**労たし**」で、この子のためなら**どんな苦労でもしたい**と思うほど「かわいい」ということ。

難関大学は「うつくし」と「らうたし」の微妙な違いも問題にします。**客観的な形の小ささ**からくる愛らしさは「うつくし」、ギュッと抱きしめたいような**いじらしさを主観的に感じる**と「らうたし」。

なお、「美しい」の意味の古語は「**66**うるはし」です。

例文

どんなものでも形の小さいものはすべてうつくし。

≫形の小さいものは何でも「かわいい」。〝美しい〟はダメ。

妻に追い出される若い女を、男はらうたしと思う。

≫若い女をいじらしく「かわいい」と思うのである。昔は一夫多妻。

入試情報 「かわいい」という文脈の空欄が二つ。「小さく□手つき」は形状の「うつくしき」を、「□と思す」は心情の「らうたし」を入れる。（立命館大）

出題頻度 ★★

121 いそぎ ［急ぎ］ 名
まうけ ［設け］ 名

現代語訳
準備

あらかじめ事を「急ぎ」「設け」て準備する

「いそぎ」「まうけ」とも「準備」と訳します。

「いそぎ」には「急な事」の意味もありますが、古文ではこの用法はあまり見られません。**急いで事を行うために早くから備える**という発想で、「準備」と訳します。

「まうけ」は「設け」と書きます。〝時間を**設ける**〟〝場所を**設ける**〟などと今でも使うように、**あらかじめ備える**こと。だから、「準備」と訳します。うっかり〝金儲《もう》け〟と勘違いしないように…。紛らわしい語に「**201**ようい［用意］」があります。

「いそぎ」の動詞は「いそぐ」。

「まうけ」の動詞は「まうく」。

例文

姫君のご結婚の**いそぎ**、父君はさまざまに心遣《づか》いをなさる。
≫父は娘の結婚の「準備」に気を配る。〝急な結婚〟ではない。

帝《みかど》が石山寺へ参詣《さんけい》なさるので、沿道に花を植え仮屋を**まうく**。

≫天皇の通られる道筋を美しくし、一時休憩所を「準備する」。

関連語
参
● いそぐ 動 ＝準備する
● まうく 動 ＝準備する
201 ようい＝①用心 ②配慮・心遣い

出題頻度
★★

122

ずちなし【術無し】形
すべなし【術無し】形
〜かたなし【方無し】連語
〜かひなし【甲斐無し】連語

現代語訳

どうしようもない

（〜しても）どうしようもない

関連語

同 **71** わりなし＝①筋が通らない・無理だ
②どうしようもない
しかたがない

「術」策がない・「方」法がない・「甲斐《かい》」がない

「どうしようもない」と訳す古語を四語まとめて覚えましょう。

「ずちなし」「すべなし」は、ともに「術無し」と書きます。字のとおり、**技術がない・術策がない**というのが原義。だから、「どうしようもない」と訳します。

「術」の字は現在〝じゅつ〟と読みますが、これは「ずち」の音が長い時代の変化を経てなまったもの。「すべ」は、今も〝なすすべもない〟と、同じ意味で使っています。現代語と結びつけて覚えるのも方法です。

「〜かたなし」は「方《かた》無し」と書きます。この「方」は「方法」のことです。**方法がない**が原義で、「どうしようもない」と訳します。

実際の用例としては、「〜」の部分にいろいろな語が入り、「**せむかたなし**」「**いはむかたな**

し」などの形で出てきます。

「せむかたなし」の「せ」は、サ行変格活用（サ変）の動詞「す」で、「する」の意味。直訳は「する方法がない・しようにもどうしようもない」となりますが、簡単に「どうしようもない」とだけ訳しておけば十分です。

「いはむかたなし」の「いは」は「言う」の意味。直訳は「言う方法がない・言ってもどうしようもない」となります。が、これも簡単に「どうしようもない」だけでもかまいません。

「せむかたなし」「いはむかたなし」ともに、「**む**」を「**ん**」と表記する場合もあります。

「〜かひなし」は「甲斐《かひ》無し」で、**やり甲斐のない**ことはやっても「どうしようもない」という発想。これも、「〜」の部分に種々の語が入り、「**いふかひなし**」などとなります。直訳してもよいし、「どうしようもない」だけでもかまいません。

「**71**わりなし」も同じ意味で使われることがあります。

例文

決まりの悪さにうつむいたまま、去るに去れず**ずちなし**。

≫取りつくろうことも去ることもできず「どうしようもない」。

去っていく恋人を見送りながら、**せむかたなく**泣き崩れる。

≫「どうしようもなく」て、ただただ泣いているのである。

女の暮らしぶりは、前にも増して**いふかひなく**貧しい様子だ。

≫「どうしようもなく」貧しい。「言いようもないほど」も可。

参考　「せむかたなし」「いはむかたなし」の「む」を「ん」とも表記することについては、24ページ「11やむごとなし」の本文説明を参照のこと。

出題頻度 ★★

123

かまし［囂し］形
かしまし［囂し］形
かしがまし［囂し］形
かまびすし［囂し］形

現代語訳

やかましい

関連語

参 16 さうざうし＝物足りない・心寂しい
119 うるさし＝わずらわしい・面倒だ・不愉快だ

出題頻度 ★★

124

らうがはし［乱がはし］形

現代語訳

① 乱雑だ
② やかましい

関連語

参 16 さうざうし＝物足りない・心寂しい
119 うるさし＝わずらわしい・面倒だ・不愉快だ

「か・ま・し」の入った語群は「や・かまし・い」

「やかましい」と訳す語を五語まとめて覚えましょう。「**かまし**・**かしまし**・**かし**が**まし**・**かま**びす**し**」は、太字で示しているとおり、どれも単語の中に「かまし」の音が入っていますね。訳の「や**かまし**い」にも「かまし」の音が含まれていますから、覚えるのは簡単！「**か・ま・し**」が入ると「**や・かまし・い**」と暗記します。

年配の人は今でも〝女が三人寄るとかしましいね〟とか〝かまびすしい論議〟などと使っています。こういう表現に耳慣れていれば、あえて覚えなければならない単語ではありません。

「か・ま・し」の入った四語のなかで、最も入試によく出るのは「かまし」。このままの形で傍線訳に出るのはもちろん、語幹だけを使う「**あな、かま＝ああ、やかましい**」などの表現でも出題されます（186〜187ページ参照）。

これらの語群とは別に、「らうがはし」も覚えましょう。「らうがはし」は「乱《らん》がはし」がなまったもの。**乱雑な様子・混乱した様子**というのが原義で、「①乱雑だ」と「②やかましい」の二つの訳を持っています。

生徒がうっかり間違える紛らわしい語に、「**16**さうざうし」「**119**うるさし」があります。この二つは現代語と違って、「やかましい」とは訳しません。気をつけましょう。

例文

夜の人の声は小さな囁《ささや》きでも**かしがましく**聞こえる。

≫夜はあたりが静かなので、囁き声でも「やかましい」。

大勢《おおぜい》の見物人で混み合っていて、みな**らうがはしく**叫び合う。

≫混雑した群衆の中でそれぞれが「やかましく」叫び合うのだ。

出題頻度 ★★

125

さかしら【賢しら】名
こざかし【小賢し】形
さかしだつ【賢し立つ】動

現代語訳

利口ぶる(こと)

関連語

同 113 さかし＝①しっかりしている
②利口ぶる

＊①は「丈夫だ」「気丈夫だ」「賢い」の意訳あり。

「さかし＋α」はすべて「利口ぶる」のマイナス訳

見出しとよく似た別の単語に「113さかし」がありましたね。「①しっかりしている」というプラス訳と、「②利口ぶる」というマイナス訳の両方の意味を持っているのでした。

ところで見出しの語群は、「さかし**ら**」「**こ**ざかし」「さかし**だつ**」など、「さかし」にひらがな一文字二文字がちょこっとくっついた単語ばかりですね。これらは、どれも「利口ぶる」という悪い意味でしか使いません。一つ一つの音を神経質に暗記するのはたいへん！「**さかし＋α」はすべてマイナス訳**の用法だと覚えておきましょう。

プラス・マイナス両面で使われる「113さかし」と、**マイナス訳**だけの「さかし＋α」。比較対照して暗記します。

見出し語のなかで現代語に残っているのは、「こざかし」。なまいきな子どもの言動に対して、〝こざかしい小僧め〟などと使っています。逆に言うと、今でも使う単語は出題頻度は高くありません。

大学の難易を問わず、最も出題頻度が高いのは「**さかしら**」です。選択肢の場合は、「知ったかぶりをする・差し出がましい・お節介《せっかい》だ・でしゃばりだ」などの意訳を使ってくる大学もあります。が、いちいち覚えたらキリがありません。「利口ぶる」の直訳を文脈に当てはめたうえで、**最も近い意訳**を選びましょう。

「さかしだつ」を出したことがあるのは早稲田大学。同じようなレベルの難関大学は出題する可能性があります。

例文

さかしらする親が、息子の結婚に反対して女を外へ追い出す。

»「利口ぶること」をする。ここは「でしゃばりな」親と意訳してもよい。

さかしだつ人は、自分の失敗は棚に上げて人に説教をする。

»「利口ぶる」。「偉そうにしている」ということ。

出題頻度
★

126

いづこ
いづら
いづち

［何処］ 代名

現代語訳

どこ

関連語

同 ● いづく＝どこ

「いづこ・いづら・いづち」はすべて「どこ」

「いづ」は〝いづれ〟の「いづ」で疑問。「〜こ」は〝ここ・そこ〟の「こ」。「〜ら」は〝そこらあたり〟の「ら」。「〜ち」は〝こっち・そっち〟の「ち」。どれも場所を示す語です。**疑問＋場所を示す語**で、「どこ」の意味。「いづく」も同意語。

例文

扇を探《さが》すが、部屋がまっ暗なので「いづらいづら」と手探《さぐ》りする。

» 「どこだ、どこだ」と手探りで扇を探し当てようとする。

参考

その他の同意語ペア

ほかにも、語源に共通性のある同意語ペアがあります。第2・3・4章で学びましたが、〝同意語〟として出ることもあります。

同 72 びんなし［便無し］／72 ふびんなり［不便なり］＝①不都合だ ②気の毒だ

同 100 おぼつかなし［朧摑無し］／101 こころもとなし［心許無し］＝①はっきりしない ②不安だ・気がかりだ ③待ち遠しい

同 52 すごし［凄し］／53 すさまじ［凄じ］＝ぞっとする

出題頻度 ★★★

127

ありし

[ー] 連体

現代語訳 昔(の)・過去(の)

関連語

出題頻度 ★★★

128

ありつる

[ー] 連体

現代語訳 先ほど(の)

関連語

「し」は過去「き」の連体形、「つる」は完了「つ」の連体形

「ありし」の「し」は、**過去**の助動詞「き」の連体形です。**過去にはあった**の意味で、「昔(の)・過去(の)」と訳します。

一方、「ありつる」の「つる」は、**完了**の助動詞「つ」の連体形。完了は過去よりも現在に近い時制で、〝ついさっき〟完了したということですね。だから、**先ほどまではあった**という意味で、「先ほど(の)」と訳します。

二つの語を関連づけて暗記しましょう。

例文

数年ぶりに会った息子は、ありし様子よりも頼もしく見えた。

≫成長した息子を見て、「昔の」様子よりも頼もしく思う。

例文

「ありつる人はいかがか」と、行きずりに助けた女の具合を問う。

≫行きずりに助けた「先ほどの」女の様子はどうかと、だれかに尋ねている。

出題頻度 ★★★

129

あらぬ

【一】連体

現代語訳

別の・違う

そうでは「あらぬ」で、「別の・違う」

「あらぬ」の「ぬ」は**打消**の助動詞「ず」の連体形です。**そうではあらぬ**が原義で、そうではない「別の・違う」と訳します。今でも〝あらぬ疑いをかけられる〟とか〝あらぬ方向を見ている〟などの表現では使っています。事実とは「違う」疑いをかけられる、見るべき方向とは「別の」方向を見ている、ということですね。

次項「130さらぬ」の③も同じ意味です。

関連語

同 130 さらぬ＝①立ち去らない ②避けられない ③別の・違う

例文

彼が来たのかと思って戸口を見ると、あらぬ人であった。

≫戸口を見ると、訪問者は彼ではなく「別の・違う」人だった。

参考　病の床にある娘の顔を、父である筆者が「あらぬ人」と感じる。重い病のせいで、まるで「別人」のようだということ。

出題頻度 ★★★

130

さらぬ

［①去らぬ ②避らぬ ③さ(あ)らぬ］ 連体

現代語訳

① **立ち去らない**
② **避けられない**
＊慣用句 さらぬ別れ＝死別
③ **別の・違う**

関連語

参 155 さ＝そう・それ・そのように
同③ 129 あらぬ＝別の・違う

「さらぬ」は去らぬ・避《さ》らぬ・さあらぬ

「さらぬ」の「ぬ」も**打消**の助動詞「ず」の連体形です。「さらぬ」には三つの語源による三つの訳があります。

去らぬの語源で「①立ち去らない」。現代語と同じなので、設問には出ません。

避《さ》らぬの語源で「②避けられない」。現代語の〝避ける〟は、古語では「避《さ》る」。音が違うので、しっかり暗記しましょう。②の用法で入試頻出の慣用表現は「**さらぬ別れ**」。直訳すると〝（人が）避けることのできない別れ〟ですが、「**死別**」**と意訳**します。

さあらぬがつづまって「さらぬ」になったと考えると、**そうではない**の語源で「③別の・違う」。③は「129あらぬ」と同意語。

例文

この世の中にさらぬ別れというものがなければよいのに…。
≫この世に「死別」というものがなければ、悲しまずにすむ。

中将《ちゅうじょう》と少将《しょうしょう》はお出かけになり、さらぬ君たちは残られた。
≫中将・少将とは「違う」君たち。「そのほかの」の意訳も可。

参考　③の語源「さ（あ）らぬ」の「さ」は「そう」と訳す指示副詞。詳しくは、「155さ」を参照。

出題頻度 ★★

131 つきづきし

［付き付きし］形

現代語訳

ふさわしい・似つかわしい

関連語

反 ● つきなし［付き無し］
＝ふさわしくない・不似合いだ

出題頻度 ★★

132 こころづきなし

［心付き無し］形

現代語訳

いやだ・気に入らない

関連語

反 ● こころづく［心付く］
＝好きだ・好ましい

くっ付き合うから「ふさわしい」、心がくっ付かないから「いやだ」

「つきづきし」は「付き付きし」。字のとおり、**ピッタリくっ付き合う**ことで、それほどに**調和**のとれている様子を言います。訳は「ふさわしい・似つかわしい」。

「心付き無し」も「付き」の字。**心が相手にくっ付かない**ことで、「いやだ・気に入らない」と訳します。こちらは「心」の字が示すとおり**感情**を表す語。

例文

季節に合わせた着物の絵柄が庭の景色に溶けてつきづきし。

≫まるで庭の景色の一部のように「ふさわしい」季節の着物。

例文

色黒で鬚面《ひげづら》の男の顔は、少女の目にはこころづきなく見える。

≫むくつけき男の顔が、少女は「気に入らない」のである。

参考 「つきづきし」の反意語は「つきなし」。「つき」の語源に否定語「無し」を加えるだけ。「心づきなし」の反意語は「心づく」。否定語を取るだけ。

出題頻度 ★★

133 いさ

【―】 感

現代語訳 さあ

＊否定・疑念・ためらい（？）を示す。

関連語

出題頻度 ★★

134 いざ

【―】 感

現代語訳 さあ

＊決意・鼓舞・勧誘（！）を示す。

関連語

「いさ」は「さあ？」、「いざ」は「さあ！」

「いさ」も「いざ」も「さあ」と訳しますが、意味合いがまったく違います。

「いさ」は、〝さあ、知らない〟〝さあ、どうだか〟の「さあ」。**否定や疑念やためらい**を表す言葉です。「さあ？」と、**？マーク**をつけて暗記。

「いざ」は、〝さあ、行こう〟〝さあ、やるぞ〟の「さあ」。**人を誘ったり自分を奮《ふる》い立たせたり**する言葉です。「さあ！」と、**！マーク**をつけて暗記。きちんと覚えて、いざ受験場へ。

どちらも〔**感動詞**〕。品詞名も出ます。

例文

人の意見は**いさ**知らず。私自身はこれでよいと考えている。

≫人の意見は「さあ」わからないが、私の意見は…、ということ。

例文

美しい絵をたくさん見せてあげるから、**いざ**来なさいよ。

≫「さあ」来なさい…と、人を誘っている。

入試情報　感動をそのまま文字にしたのが感動詞。アア・エッ・サアなど、言葉というよりも音に近い語である。そう理解しておけば、品詞も暗記しやすい。

出題頻度 ★★ 135

なぞ
など

［何ぞの約］副
［何との約］副

現代語訳

どうして

＊疑問か反語かは文脈判断。

関連語

出題頻度 ★★ 136

なんでふ
なでふ

［何といふの約］連体・副

現代語訳

①なんという
②どうして

＊疑問か反語かは文脈判断。

関連語

「なぞ」は何ぞ、「など」は何と、「なんでふ・なでふ」は何といふの短縮

何ぞが「なぞ」、**何と**が「など」になりました。どちらも「どうして」（疑問・反語）と訳します。「なぞや」「などて」「などか」「などかは」などと**助詞**がついても同じ。

何といふが「なんでふ」になり、さらに「なでふ」につづまりました。「①なんという」（驚嘆）は語源のまま。〝何〟の語源から「②どうして」（疑問・反語）の訳も。

例文

もし愛する人がいないなら、なぞわが身を装うだろう。

»「どうして（装うだろう）か、いや（装わ）ない」の反語表現。

あなたは、妻はなどて今までお持ちにならない。

»文脈は疑問。「どうして（妻を持たないの）か」。

例文

親を憎んでいるとは、なでふことを言う。

»「なんという」ことを言うのか、という驚嘆。

参考　疑問は「どうして〜か」、反語は「どうして〜か、いや〜ない」と訳す。疑問なのか反語なのかは必ず文脈判断。詳しくは、『マドンナ古文』第３章参照。

出題頻度 ★

137 そこばく

［ー］副

現代語訳 たくさん

関連語

同
● ここら＝たくさん
● そこら＝たくさん
20 あまた＝たくさん

出題頻度 ★★

138 いくばく

［幾ばく］副

現代語訳 どれほど

関連語

そこそこの数量が「そこばく」、いくらの数量が「いくばく」

「～ばく」は**数量を示す語**です。「そこばく」とは**そこそこのまとまった数量**で、「たくさん」。「いくばく」は**いくらの数量**か尋ねる語で、「どれほど」と訳します。〝余命いくばくもない〟という表現では今も使いますね。

ついでに言うと、「たくさん」と訳す古語には「**20**あまた」「ここら」「そこら」があります。「あまた」は頻出。

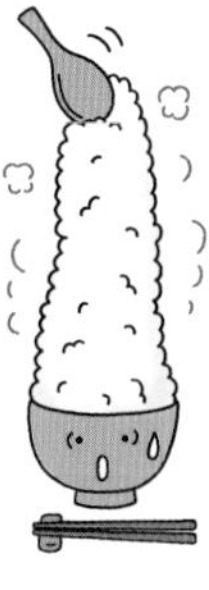

例文

そこばくの蜂が盗人にくっついて、刺し殺してしまった。

»「たくさん」の蜂の襲撃を受けて、盗人は刺し殺された。

例文

人の一生はいくばくもないのに、金や名誉を求める人が多い。

»「どれほど」もない短い一生。名利《みょうり》追求の一生はむなしい。

参考 「いくばく」と「そこばく」が合体した「いくそばく」は、訳も「どれほどたくさん」と合体すればよい。出題頻度は低いが、念のため。

出題頻度 ★★

139

あらまし

【ー】名

現代語訳

① 計画
② 概略

関連語

出題頻度 ★★

140

あらまほし

【ー】形

現代語訳

理想的だ

関連語

「まし」は意志・推量、「まほし」は願望。語源を押さえて区別

「あらまし」の「まし」は、もとは**意志・推量の助動詞**。**意志**を語源とすると、**こうしよう**の意味で「①計画」。**推量**を語源とすると、**だいたいこうだろう**の意味で「②概略」。②は今も〝物語のあらまし〟と使います。

一方、「あらまほし」の「まほし」は、**願望**の助動詞。**こうありたい・こうあってほしい**が原義で、「理想的だ」と訳します。

例文

まえまえからのあらましが、すべて食い違っていく。

≫まえまえからの「計画」が思いどおりに果たせない、ということ。

例文

顔形が美しく、性格も穏やかで、あらまほしき人である。

≫容姿・性格ともに整った「理想的な」人物。

❗注意事項　「あらまし」と「あらまほし」は混同しやすいので注意。語源となっている助動詞「まし」と「まほし」の違いを、しっかり意識して暗記する。

出題頻度 ★★

141

いたし
いと

［甚し］形
［—］副

現代語訳 たいへん・はなはだしい

関連語

同 108 いみじ＝①たいへん ②たいへん〜

参 89 こちたし＝①大げさだ・仰々しい ②うるさい・わずらわしい

痛くなくて「いたく」感激する。「いと」も同語源

「いたし」は「甚《いた》し」で、程度の「はなはだしい」こと。連用形「いたく〜」は「たいへん〜」とも訳します。今も〝いたく感激する〟など使います。〝あ痛ッ〟と間違えないで！

「いと」も「いたし」と**同語源**で、「たいへん」。同意語は「**108**いみじ」。

例文

かぐや姫はいといたくお泣きになる。

≫「たいへん」「はなはだしく」泣く。ダブル使用で悲嘆を表現。

参考 「いと〜打消」は、全部否定「まったく〜ない」と、部分否定「あまり〜ない」の両訳がある。

出題頻度 ★★

142

いとど

［いといとの約］副

現代語訳 ますます

関連語

「いといと」がつづまった「いとど」

「いと＋いと」がつづまって「いとど」。**〝たいへん＋たいへん〟**で、「ますます」。

例文

散るからこそいとど桜はすばらしいと私は思う。

≫はかなく散るからこそ、咲く桜を「ますます」愛《め》でるのだ。

出題頻度 ★★
143
あし
［悪し］形
現代語訳
悪い
関連語

出題頻度 ★★
144
わろし
［悪し］形
現代語訳
よくない
関連語
同 225 まさなし＝よくない

出題頻度 ★★
145
よろし
［宜し］形
現代語訳
悪くない
関連語
同 22 けしう(は)あらず＝悪くはない

出題頻度 ★
146
よし
［良し・善し］形
現代語訳
よい
関連語
参 228 よし［由］＝①理由 ②由緒 ③方法 ④趣・風情 ⑤趣旨・〜ということ

「悪い」から「よい」への四つの段階

古語には〝悪い〟から〝よい〟への四段階の表現があります。「**あし**⇩**わろし**⇩**よろし**⇩**よし**」の順番を覚えましょう。

「よし」が「よい」、「あし」が「悪い」の意味であることは、今も〝事の善《よ》し悪《あ》し〟と言いますからわかりますね。

「あし」よりもややプラスの「わろし」は、どちらかというと悪いということで「よくない」。「よし」よりもややマイナスの「よろし」は、まあまあよいということで「悪くない」と訳します。

四段階の古語の順番さえ覚えておけば、「**悪い⇩よくない⇩悪くない⇩よい**」の順に訳を当てはめるだけ。簡単ですね。

うっかり訳を間違えるのは「よろし」。現代語の〝よろしい〟に許可の用法があるので〝してもかまわない〟という意味に取りがちですが、古語の「よろし」にはその用法はありません。気をつけましょう。

「わろし」の同意語は「**225**まさなし」。

「よろし」の同意語には「**22**けしう（は）あらず」があります。

また、「よし」の同音異義語に「**228**よし［由］」があります。音は同じでも意味がまったく違いますから、混同しないように注意しましょう。

例文

人のよき点は勧め、あしき点は戒《いまし》めるべきである。
»「よい」点は奨励し、「悪い」点は訓戒すべきだ。

現《げん》世《せ》に思い残すことがあるまま往《おう》生《じょう》するのは**わろし**。
»現世に気がかりや執着を残して死ぬのは「よくない」。

娘の夫としてよろしき男だと、親は結婚に賛成した。
»「悪くない」。最良ではないがまずまずの合格点。

参考　平安時代は身分社会なので、結婚相手の「よし」「あし」は、性格ではなく「身分・家柄」の評価を意味する。

出題頻度 ★★

147 きしかた こしかた

［来し方］名

現代語訳 過去・これまで

関連語 対 148 ゆくすゑ＝将来・これから

出題頻度 ★

148 ゆくすゑ

［行く末］名

現代語訳 将来・これから

関連語 対 147 きしかた・こしかた＝過去・これまで

今まで生きて来た方向、これから行こうとする末路

「来し方」と書いて、「きしかた」「こしかた」と読みます。「し」は**過去**の助動詞「き」の連体形。「来し方」とは**今まで生きて来た方向**のことで、「過去・これまで」の訳。

対義語の「ゆくすゑ」は「行く末」。**これから行こうとする末路**のことで、訳は「将来・これから」。

「**来し方行く末**」とペアになると、「過去も将来も」「これまでもこれからも」と訳します。

例文

こしかたのことを思い返せば、彼はいつも誠実だった。

»「過去」の彼の言動がいかに誠実であったかを思い出している。

娘のゆくすゑを案じて、死ぬに死ねない思いである。

»娘の「将来」が心配で死んでも死にきれない、ということ。

入試情報 「こしかた□」の空欄に、ひらがなを要求。「こしかた」とペアになるのは「ゆくすゑ」。「ゑ」の字が書けるように！（甲南大）

出題頻度 ★

149 ひねもす

[終日] 副

現代語訳

一日中・終日

関連語

対 150 よ(も)すがら＝一晩中・夜通し

出題頻度 ★★

150 よ(も)すがら

[夜(も)すがら] 副

現代語訳

一晩中・夜通し

関連語

類 対 ● 149 ひねもす＝一日中・終日

よをこめて＝夜が明けないうちに

「ひねもす」は朝から晩まで、「よすがら」は晩から朝まで

「ひねもす」の「ひ」は「日」。**朝から晩まで**の「一日中・終日《しゅうじつ》」の意味。

対義語の「よすがら」「よもすがら」の「よ」は「夜」。「〜すがら」は〝道すがら（＝道を過ぎるまでずっと）〟などと今も使います。だから、**夜が過ぎて朝になるまでずっと**が原義で、「一晩中・夜通し」と訳します。

例文

今日はひねもす波風が立たず、快適な船旅であった。

≫「一日中」穏やかな海で、絶好の船旅日和《びより》であった。

よもすがらまどろみもせず、漢詩を作り明かした。

≫「一晩中」寝ないで…。「徹夜で」の意訳もよい。

参考 「春の海／ひねもすのたり／のたりかな」は蕪村〈ぶそん〉の有名な俳句。春の海が「一日中」ゆったりゆったりとうねる様子を詠んだもの。

出題頻度 ★★★

151 うしろめたし

【後ろ目痛しの約】形

現代語訳
不安だ・気がかりだ

関連語
反 152 うしろやすし＝安心だ

出題頻度 ★★

152 うしろやすし

【後ろ安し】形

現代語訳
安心だ

関連語
同 ● こころやすし【心安し】＝安心だ
反 151 うしろめたし＝不安だ・気がかりだ

後ろで見ていて胸痛む「不安」、後ろで見ていて安らぐ「安心」

「**後ろ目痛《めいた》し**」がつづまって「うしろめたし」。人を**後ろから見ていて胸を痛める**が原義で、「不安だ」と訳します。現代語と同じ「うしろめたい・気が咎《とが》める」の訳は設問に出ることはありません。

反意語は「**後ろ安し**」。字のとおり、**後ろで見ていて安らぐ**。だから「安心だ」。

例文
親を亡くした幼女の今後が**うしろめたく**、後見人《こうけんにん》となる。
≫幼女のこれからが「気がかりだ」から、後ろ楯《だて》となって助ける。

例文
落ちつきのあるまじめな人なので、**うしろやすく思う**。
≫相手の沈着実直な人柄を「安心だ」と思うのである。

出題頻度 ★

153 まほなり

【真秀なり】 形動

現代語訳 完全だ

関連語 反 154 かたほなり＝不完全だ

出題頻度 ★★

154 かたほなり

【片秀なり】 形動

現代語訳 不完全だ

関連語 反 153 まほなり＝完全だ

真に優秀な「真ほ」、片方だけ優秀な「片ほ」

「真秀《まほ》」「片秀《かたほ》」と書きます。字のとおり、「まほ」は真に優秀だが原義で「完全だ」、「かたほ」は片方だけ優秀だが原義で「不完全だ」と訳します。「ほ」を「秀」と書くことは入試には不要。せめて、**「真ほ」「片ほ」**の字を当てて語源を理解しましょう。

例文

かたほなる子でさえ、乳母《めのと》はあきれるほどまほに見なすものだ。

≫乳母は養育係。「不完全な」子でも「完全だ」と見る、一種の親バカ。

参考

その他の対義語・反意語

ほかにも〝対義語・反意語〟のペアがあります。別の章で取り上げましたが、意識しましょう。

対 157 と（＝あれ）― 156 かく（＝これ）

反 25 おこたる（＝病気がよくなる）⇔ 189 なやむ・わづらふ（＝病気になる）

入試情報 例文を原文で出題し、「かたほ」の反意語の抜き出しを要求。「まほ」が正解。（京都産業大）

まとめて覚えよう 参考

● 同意語：同じ意味の語

①不都合だ
②気の毒だ
：びんなし 72
：ふびんなり 72

①はっきりしない
②不安だ
③待ち遠しい
：おぼつかなし 100
：こころもとなし 101

～できない
：え～打消 114
：～あへず 114
：～かぬ 114

難しい・できない
：かたし 115

やかましい
：かまし 123
：かしまし 123
：かしがまし 123
：かまびすし 123

①乱雑だ
②やかましい
：らうがはし 124

まったく～ない
：さらに～打消 116
：よに～打消 116
：よも～打消 116
：つゆ～打消 116
：ゆめ～打消 116
：ゆめゆめ～打消 116

準備
：いそぎ 121
：まうけ 121

どうしようもない
：ずちなし 122
：すべなし 122

（～しても）どうしようもない
：～かたなし 122
：～かひなし 122

幼い
：いとけなし 118
：いときなし 118
：いはけなし 118

かわいい
：うつくし 120
：らうたし 120

利口ぶる（こと）
：さかしら 125
：こざかし 125
：さかしだつ 125

どこ
：いづこ 126
：いづら 126
：いづち 126

出家する
：世をすつ 117
：世をのがる 117
：世をそむく 117
：世をかる 117
：世をいとふ 117
：みぐしおろす 117
：かしらおろす 117

ぞっとする
：すごし 52
：すさまじ 53

わずらわしい・面倒だ・不愉快だ
：うるさし 119
：むつかし 119

● 類似語：似た字面の紛らわしい語

ありし 127：昔（の）・過去（の）
ありつる 128：先ほど（の）

あらぬ 129：別の・違う
さらぬ 130：①立ち去らない
：②避けられない
：③別の・違う

つきづきし 131：ふさわしい・似つかわしい
こころづきなし 132：いやだ・気に入らない

いさ 133：さあ（？）
いざ 134：さあ（！）

なぞ・など 135：どうして
なんでふ・なでふ 136：①なんという
：②どうして

そこばく 137：たくさん
いくばく 138：どれほど

あらまし 139：①計画 ②概略
あらまほし 140：理想的だ

いたし・いと 141：たいへん・はなはだしい
いとど 142：ますます

● 対義語：対《つい》の意味をなす語

あし 143：悪い
よし 146：よい

わろし 144：よくない
よろし 145：悪くない

きしかた・こしかた 147：過去・これまで
ゆくすゑ 148：将来・これから

ひねもす 149：一日中・終日
よ（も）すがら 150：一晩中・夜通し

と 157：あれ
かく 156：これ

● 反意語：反対の意味の語

うしろめたし 151 ⟷ うしろやすし 152
：不安だ・気がかりだ　：安心だ

まほなり 153 ⟷ かたほなり 154
：完全だ　：不完全だ

おこたる 25 ⟷ なやむ・わづらふ 189
：病気がよくなる　：病気になる

第6章

文法力も問われる多角語16

語源の理解に文法力を要する語、訳だけでなく文法問題にも出る語など、文法がらみの単語を集めました。文法力に自信のない人は、姉妹書『マドンナ古文』も併用してください。

まずは、〔指示副詞〕とその関連語を学びます。そのあと、接続・助動詞・助詞・敬語などの文法知識が要求される語群を列挙します。どれも高配点の単語です。

出題頻度 ★★

155

さ
しか

さ【然】副
しか【然】副

現代語訳
そう・それ・そのように

関連語
参
● さて＝そうして
● さる＝そのような

「さ」「しか」と出てきたら、「そう」と訳す

「さ」「しか」は、どちらも「そう・それ・そのように」などと訳す指示副詞です。〔**副詞**〕の品詞名も問われます。

「そう・それ・そのように」と表現がいろいろあるのは、後ろの語への続き具合によります。たとえば、「さ思ふ」は「そう思う」、「さほど」は「それほど」、「さのみ」は「そのようにだけ」という具合ですね。でも、いろいろな表現をいちいち覚えておくのは面倒です。文中に「さ」「しか」と出てきたら**とりあえずは「そう」と訳し**、必要に応じて**美しい意訳**に整えましょう。「さほど⇩そうほど⇩それほど」の要領ですね。難しくありません。

例文

彼が偽名を使っていることを、まわりの者は**さ**心得ていた。
≫彼の周囲の者は「そう」(＝偽名だと)知っていた。

その歌はよくできていたので、作った本人に**しか**申し上げた。
≫うまい歌だったので、作者本人に「そう」(＝うまい)と言った。

✎参考　過去の助動詞「き」の已然形「しか」と、指示副詞の「しか」を混同しないように注意。助動詞は動作の後ろに位置し、「申ししか」などとなる。

出題頻度 ★★

156 かく

［斯く］ 副

現代語訳 こう・これ・このように

関連語

出題頻度 ★

157 と

［ー］ 副

現代語訳 ああ・あれ・あのように

関連語

「かく」はTHIS⇔「と」はTHAT

「かく」は「こう・これ・このように」と訳す指示副詞。〈**副詞**〉の品詞名も暗記。今も堅い文章では〝かくして（＝こうして）〟と使いますね。「かく」は英語の**THIS**に当たります。**「と」は「かく」の対義語**。「ああ・あれ・あのように」と訳しますが、英語の**THAT**に当たると覚えてください。

「と・かく」は、よくペアで使われます。**とりあえず「あれ・これ」と訳し**、必要なら意訳します。一方を空欄にした補充問題もあります。

今でも〝とにかく・ともかく・とやかく〟などとペアで使っていますよ。

例文

兄はかく言い、弟はと言うので、どちらが本当かわからない。

» 兄は「こう」言い、弟は「ああ」言う。言い分が違うのである。

入試情報 夫婦喧嘩の果てに夫が出ていく。泣き叫ぶ幼い息子の声を周囲に聞かれまいと、「とかう」取りつくろう。「と・かく」のウ音便。「あれこれ」となだめるのである。（東京大・法政大）

出題頻度 ★★

158

さり
しかり

【然り】動
【然り】動

現代語訳

そうである・そうだ

＊さる・しかる（連体形）＝そのような

関連語

参 155 さ・しか＝そう・それ・そのように

さ＋あり＝さり、しか＋あり＝しかり

「155さ・しか」に動詞「あり」がついて「さあり・しかあり」となり、「あ」が吸収されて「さり・しかり」となりました。**さ**＋**あり**＝**さり**、**しか**＋**あり**＝**しかり**と覚えます。どちらも「そうである・そうだ」と訳します。

「あり」は「ら／り／り／る／れ／れ」と活用するラ行変格活用（ラ変）。だから、「さり」も「さ**ら**／さ**り**／さ**り**／さ**る**／さ**れ**／さ**れ**」、「しかり」も「しか**ら**／しか**り**／しか**り**／しか**る**／しか**れ**／しか**れ**」の**ラ変型活用**です。

連体形「さる」「しかる」は「そのような」と訳しますが、とりあえずは「そうだ」と訳しておいてあとから調整。「さる男⇩そうである男⇩そのような男」の要領ですね。

例文

彼の間違いを指摘すると、彼は「**さり**、**さり**」と認めた。

≫「そうだ、そうだ」と、素直に間違いを認めたのだ。

苦しいのは人もみな同じなのか、私だけが**しかる**身の上なのか。

≫みな苦しいのか、私だけが「そういう」（＝苦しい）身の上なのか。

参考　「さる」は、指示語以外に、「去る」「避る」もある。詳しくは、「130さらぬ」の項を参照。また、「199〜さる＝〜になる」の表現も…。混同しないこと。

出題頻度 ★★

159 かかり

［斯かり］ 動

現代語訳

こうである・こうだ

＊かかる（連体形）＝このような

関連語

参 156 かく＝こう・これ・このように

出題頻度 ★

160 とあり

［―］ 副＋動

現代語訳

ああである・ああだ

＊「とありかかり」「ともあれかくもあれ」などのペアの形が多い。

関連語

参 157 と＝ああ・あれ・あのように

かく＋あり＝かかり、と＋あり＝とあり

「156 かく」にラ変動詞「あり」がつき、「あ」が吸収されて「かかり」。**かく＋あり＝かかり**と覚え、「こうである・こうだ」と訳します。やはり**ラ変型活用**。連体形「かかる」の「このような」の訳は、文脈調整で要領よく。紛らわしいのは動詞「かかる＝ひっかかる」。

混同しないように文脈を見ましょう。「157 と」にラ変動詞「あり」のついた「**と**＋**あり**」**はそのまま**「**とあり**」。「と・かく」のペアで、「**と**ありか**かり**＝ああだこうだ」「**と**もあれ**かく**もあれ＝ああであれこうであれ・何はともあれ」などと使います。

例文

事あるごとにとありかかりとまわりが騒ぐので心が落ちつかない。

≫何かあるたびに「ああだ、こうだ」とまわりが意見するのである。

入試情報 「ともあれかくもあれ」の短縮形「とまれかくまれ」も出る。“止まれ”ではなく、「と・かく」のペアと見抜く。「ああであれこうであれ・何はともあれ」。

参考

さり・しかり・かかり＋接続助詞＝接続詞

「さり・しかり・かかり」にいろいろな接続助詞がついて合体し、〈接続詞〉になった単語がたくさんあります。一語一語を覚えると頭がパンクしますから、くっつく接続助詞の訳だけ覚え、指示語の訳とその場でうまく合成して切り抜けましょう。

なお、接続助詞の訳と接続（直前の活用形）は、文法問題に必要な知識です。いずれはどのみち暗記する重要事項。面倒がらずに覚えましょう。

指示副詞＋（あ）り ／ 接続助詞	さり・しかり	かかり
已然形＋ば ①〜と・ところ ②〜だから	されば・しかれば ①さて・ところで ②そうだから	かかれば ①／ ②こうだから

未然形＋ば もし～なら	さらば・しからば そうならば	／／
終止形＋とも ～ても	さりとも・／ そうだとしても	／／
已然形＋ど(も) ～けれど	されど(も)・しかれど(も) そうではあるけれど	かかれど(も) こうだけれど
連体形＋を ①～と・ところ ②～ので ③～のに	さるを・しかるを ①さて・ところで ②／ ③そうであるのに	／／／／
連体形＋に ①～と・ところ ②～ので ③～のに	さるに・しかるに ①さて・ところで ②／ ③そうであるのに	／／／／

注

❶ □は、〈指示副詞の訳＋接続助詞の訳〉の単純な合成では処理しにくい訳。これだけは丸暗記しておく。

❷ ／は、該当する単語や訳がない。

＊どの語がないか、どの訳がないかと神経質に暗記する必要はない。〝ない語〟は設問に出るわけがないし、〝ない訳〟は文脈に合わないはずだから自然と消去される。〝ある語・ある訳〟のみ確認。

❸ 指示副詞「157と」から生まれた接続詞はない。

出題頻度 ★★★

161

さるべき［然るべき］連体
しかるべき［然るべき］連体

現代語訳

①ふさわしい
②立派な・身分の高い
③そういう運命の

関連語

参 158 さり・しかり＝そうである・そうだ

そうあるべきが原義。「べき」の意味の違いで三訳

「158さり・しかり」に「べき」がついた語。「さるべき・しかるべき」は**そうあるべき**が原義です。あとは、助動詞「べし」の解釈の違いで訳が分かれます（『マドンナ古文』第4章参照）。

適当の意味で解釈すると**そうあるのがよい**、つまり「①ふさわしい」。今も〝しかるべき措置《そち》〟と使います。

意志の意味で解釈すると**そうあろう**とする理想の姿。だから「②立派な・身分の高い」。今も、社会的に立派な地位にいる人を〝しかるべき立場の人〟と言いますね。

当然の意味で解釈すると**そうであるはず**の定めということで、「③そういう運命の」の訳になります。

例文

さるべき人は若いときから意志力が強く、神仏のご加護も強い。

≫強い意志力と神仏の加護（＝強運）を持つ人とは「立派な」人。

私はしかるべき前世《ぜんせ》の約束によってあなたと結婚したのだ。

≫〝前世の約束〟がポイント。「そういう運命の」。

出題頻度 ★

162

さるものにて

［然るものにて］ 連語

現代語訳

①それはそれとして　それはともかく
②言うまでもなく・もちろん

関連語

参 158 さり＝そうである・そうだ
同② 196 さらなり・ろんなし
＝言うまでもない・もちろん

そうだが一方と、そのうえ更にの二つの原義

「158さり」に、「もの」「にて」がついた語。「に／て」は、断定の助動詞「なり」の連用形「に」＋接続助詞「て」。「さるものにて」とは、**そういうものだ**といったん認めたうえで、**そして…と**話を進める言葉。話を進める方向の違いによって訳が分かれます。

一応認めるけれど**一方**…と別の話に移ると、「①それはそれとして・それはともかく」の訳。

〝英語は満点だ。それはともかく古文が0点とは！〟とは、英語は認めるが一方の古文は話は別だ、ということですね。

認めたうえで**更に**…と話を加えると、「②言うまでもなく・もちろん」の訳。〝英語はもちろん、古文も満点！〟とは、英語に加えて更に古文も認めるということ。

話が①**別方向**か②**同方向**かを判断します。

例文

私の極楽往生《ごくらくおうじょう》の願いはさるものにて、ただ娘の結婚を叶《かな》えたまえ。
≫私の願い事は「それはともかく」、ただ娘の幸福を祈る。「私↕娘」の別方向。

立派な子を持つと、父はさるものにて母の喜びは格別である。
≫立派な子は、父は「もちろん」母はもっとうれしい。「父＋母」の同方向。

✐参考　「130さらぬ」「45さすがに」も指示語を語源とする重要単語であるが、別の角度から問われることが多いので、別の章で取り上げている。確認すること。

出題頻度 ★★★

163

さながら【然ながら】副・接
しかしながら【然しながら】副・接

現代語訳

①そのまま
②全部
③まるで
④結局・要するに
〔副詞〕

⑤しかし
〔接続詞〕

関連語

参 155 さ・しか＝そう・それ・そのように

副詞か接続詞かを見極《きわ》めて訳す五つの訳

指示副詞「155さ・しか」に「～(し)ながら」がくっついた単語で、**そうしながら**が原義。

そうしながら同じ状態を続けるという意味で「①そのまま」。**そのまますっかり**全部という連想で「②全部」。**そのままそっくり**似ているという発想で「③まるで」。③は〝本番さながら（＝まるで本番のよう）〟と今も言いますね。

②から④へ、**全部まとめて**という発想で「④結局」。「⑤しかし」は、〝わかっていながらできない〟などと使う「～ながら」の**逆接用法**を強く残した訳。「しかしながら」は今でも逆接で使っています。

①～④は〔副詞〕の用法、⑤は〔接続詞〕です。

①そのまま
→（すっかり）②全部 →（まとめて）④結局
→（そっくり）③まるで

⑤しかし……「ながら」の逆接用法

〔副詞〕と〔接続詞〕の区別をきく文法問題

もたまにあります。また、訳すときにも品詞を先に区別したほうが有利！ 副詞とわかれば①②③④の四つに一つ。接続詞とわかれば⑤に即決。五つの訳をいちいちチェックする手間《てま》が省けます。

例文

怒《おこ》って出ていった夫はさながら戻らなかった。
≫夫(S)は「そのまま」戻ってこない(V)。〔副詞〕の用法。

多くの貴重な宝物がさながら灰となってしまった。
≫宝物(S)が「全部」灰になった(V)。〔副詞〕の用法。

人を恨むことは、しかしながらわが身に返ってくる。
≫人を恨むこと(S)は「結局」自分に返る(V)。〔副詞〕の用法。

むごいお告げだ。しかしながら娘の命を助けるには聞くしかない。
≫文と文の間の〔接続詞〕。前後が逆内容の〝逆接〟。「しかし」。

参考

副詞と接続詞の区別のしかた

〔接続詞〕は文と文を接続する語。主語(S)は省略されやすいので、実際は述部(V₁)と述部(V₂)をつなぎます。「さながら」「しかしながら」の前後に二つの述部があれば〔接続詞〕。

〔副詞〕は文の述部を修飾する語で、述部(V)の前に位置します。逆に言うと、「さながら」「しかしながら」よりも前に述部がないときは〔副詞〕。

〔接続詞〕 V_1 +｛さながら／しかしながら｝+ V_2

〔副　詞〕(S)+｛さながら／しかしながら｝+ V

＊この場合の述部とは、動詞・形容詞・形容動詞のこと。〝何がどうだ〟の〝どうだ〟に当たる部分です。

参考　厳密には「さながら」には④の訳はなく、「しかしながら」には③の訳がない。が、細かい差異は気にしない。ない訳を問われることはないのだから。

出題頻度 ★★★★

164

いかで（か）

［如何で］副

現代語訳

①［疑問］どうして～か
②［反語］どうして～か、いや～ない
③［強調］なんとかして

関連語

単語・文法・読解のトリプル攻撃で最頻出!!

「いかで」は入試最頻出の単語。というのも、訳をするのに、単語・文法・読解の三つの力が必要だからです。

〃単語力〃として、「①どうして～か」（疑問）、「②どうして～か、いや～ない」（反語）、「③なんとかして」（強調）の三つの訳をまずは暗記しましょう。

「いかで」の訳は、〃文末の文法表現〃に大きく影響されます。文末が**推量**・**疑問**・**反語**などの**弱い意味**・**消極的な意味**の場合は、疑問訳①か反語訳②。一方、文末が**願望**・**意志**・**命令**などの**強い意味**・**積極的な意味**の場合は、強調訳③になります。

たとえば「いかで行かまほし」は、文末「まほし」（願望の助動詞）により「③なんとかして行きたい」。文末の助詞・助動詞の文法的意味がわからないと、「いかで」はお手上げです。

「いかで行くか」はどうでしょうか。文末の「か」（疑問・反語の係助詞）によって、疑問訳①か反語訳②であることは確かです。が、ここから先は〃読解力〃の出番。疑問「①どうして行くのか」か、反語「②どうして行くのか、い

いかで（か）

①どうして～か
②どうして～か
＝いや～ない
③＝なんとかして

弱：推量・疑問・反語
強：願望・意志・命令

や行かない」なのかは、**文脈判断**です。

また、文末が助動詞「**む・べし・じ・まじ**」のときは要注意！「む」には〈推量・意志〉、「べし」には〈推量・意志・命令〉の意味があります。「じ」は打消の〈推量・意志〉、「まじ」は打消の〈推量・意志・命令〉の意味を持っています。要するに、これらの文末は、**①②③のすべての訳の可能性**があるということ。結局は、**文脈判断**で決めるしかありません（『マドンナ古文』第4・5・8章参照）。

「いかでか」となっても訳は同じ。

例文

「風も吹かないのに、**いかで**花の散るらむ」と不思議に思う。
» 疑問。無風なのに「どうして（花が散って）いるのだろうか」。らむ＝現在推量。

物語の一部は覚えて語ってくれるが、全部を**いかでか**覚え語らむ。
» 反語。「どうして（全部を覚え語る）だろうか、いや（語ってくれ）ない」。む＝推量。

秘伝の琴の奏法を伝えているとは興味深い。**いかでか**聞くべき。
» 強調。〝興味深い〟ので「なんとかして（聞く）つもりだ」。べき＝意志。

入試情報 「いかで」は、文章中にあれば必ず設問にあがる。出題頻度No.1は過去20年間変わっていない。文章中に見つけたら、ふだんから練習しておこう。

出題頻度 ★★★

165

な〜そ

【Ⅰ】副＋終助

現代語訳
〜しないでほしい
〜してはいけない

関連語
掛 ●なこそ→な来そ・勿来(関)

連用形をはさんで禁止、「なこそ・なせそ」は例外

「な〜そ」で「〜しないでほしい」と訳します。「な泣きそ」は「泣かないでほしい」。ちょっと頼み込むような**柔らかい禁止**の表現です。傍線訳にも空欄補充問題にもよく出ます。

空欄補充の場合には、二つの出題のしかたがあります。

一つは「な」か「そ」の一方を入れさせて、「な〜そ」のペアリングを知っているかを試す問題。

もう一つは、「な〜そ」の「〜」の部分が空欄になっていて、適切な活用形を入れさせる問題です。「**な＋連用形＋そ**」と覚えましょう。

「な泣きそ」の一例を暗記しておくのも一つの方法。「泣か／泣き／泣く…」と活用させれば、「泣き」が連用形であることはその場で思い出せます。

ただし、例外が二つ。**カ変動詞**「く」(＝来る)と**サ変動詞**「す」(＝する)のときだけは**未然形**になります。カ変動詞「く」の未然形は「こ」ですから「なこそ＝来ないでほしい」、サ変動詞「す」の未然形は「せ」ですから「なせそ＝しないでほしい」となるのです。「**なこそ**」「**なせそ**」の音を丸暗記しておきましょう。

難関大学は、和歌中の「なこそ」に線を引き、

参考　カ行変格活用(カ変)の動詞は「来」一語のみ。サ行変格活用(サ変)の動詞は「す・おはす」の二語。「なおはせそ＝いらっしゃらないでほしい」も応用。

掛詞《かけことば》の説明を求めます。一つは、もちろん「**な来《こ》そ**」ですね。もう一つは、東北にあった「**勿来関《なこそのせき》**」という有名な関所。この関所は和歌によく詠《よ》まれた名所です。「な来そ・勿来（関）」を覚えておきましょう。訳は両方を合わせて「来ないでほしいという勿来関」となります。中堅大学は、「勿来関」については〔注〕をくれます。

例文

私の失敗を人に**な**語り**そ**。きっと笑い者になるだろうから。

≫私の失敗をほかの人に語ら「ないでほしい」。

もう二度とここに**なこそ**。すぐに帰りなさい。

≫ここに「来ないでほしい・来てはいけない」。

ここは神聖な場所だから、ふざけたことを**なせそ**。

≫神聖な場所を穢《けが》す言動は「してはいけない」。

入試情報 「な～そ」は呼応（陳述）の副詞として文法問題によく出る。詳しくは、182～183ページ参照。

参考

呼応《こおう》（陳述《ちんじゅつ》）の副詞

ほかの語とセットで使う副詞を、〈呼応の副詞〉もしくは〈陳述の副詞〉と言います。「な〜そ」もその一つで、「な」は〈呼応の副詞〉です。〈呼応〉とは〝呼べば応《こた》える〟という意味。「な」が呼べば「そ」が応じるということでついた文法用語です。

大学によっては〈陳述の副詞〉という用語を使う場合もあります。〈陳述〉の陳は陳列というように〝並べる〟こと。〈陳述の副詞〉とは、〝ほかの語と並べて使う〟副詞のことです。

どちらの用語も〝セットで使う〟ことを意味していますね。

〈呼応の副詞〉〈陳述の副詞〉はたくさんあります。別の章で取り上げた単語も含め、左に列挙しておきました。改めて文法的にまとめておきましょう。

	見出し語（呼応関係）	訳	呼応（陳述）の副詞
165	な〜そ	〜しないでほしい	な
17	をさをさ〜 打消	ほとんど〜ない	をさをさ
114	え〜 打消	〜できない	え

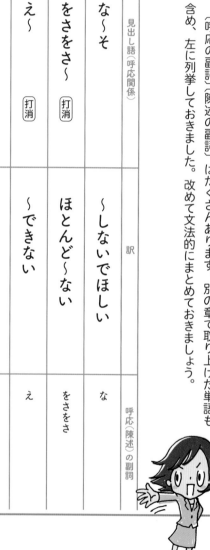

116	さらに〜	打消	まったく〜ない	さらに
116	よに〜	打消		よに
116	よも〜	打消		よも
116	つゆ〜	打消		つゆ
116	ゆめ〜	打消		ゆめ
116	ゆめゆめ〜	打消		ゆめゆめ
116	つやつや〜	打消		つやつや
116	たえて〜	打消		たえて
116	すべて〜	打消		すべて
229	かまへて〜	打消	決して〜ない	かまへて

出題頻度 ★★★

166

名（を）形の語幹み

【一】格助＋接尾

現代語訳

名が形ので

＊「を」が省略されても訳は同じ。
＊和歌特有の表現。

関連語

掛 ● なみ→波・無み（＝ないので）

「愛を浅み別れる」って、この意味ワカル？

「名詞＋（を）＋**形容詞の語幹＋み**」で、「…**が**～**ので**」と訳します。たとえば、「風**をいたみ**」は「風**が**激しい**ので**」。「いた」は形容詞 141「いたし［甚し］」の語幹です。

「**を**」を「**が**」と訳すことにも注意しましょう。

「を」は**省略**されることもありますが、訳は同じです。

これは**和歌特有の用語**で、散文には見られません。なお、左の例文は和歌の一部を現代語に訳したものです。

例文

瀬をはやみ岩にせきとめられた滝川が分かれてまた合流する。

≫〝瀬〟は浅瀬。浅瀬（の流れ）「が」速い「ので」。

山深み春が来たとわからない。戸にかかる雪解けの雫《しずく》のほかは…。

≫山「が」深い「ので」。山奥のうっそうとした場所なので春の訪れが遅い。

参考

形容詞の語幹

語幹とは、〝活用しても変化しない部分〟のこと。

たとえば、形容詞「めでたし」は「く／く／し／き／けれ／○」と活用しますが、「めでた」の部分は変化しませんね。「めでた」は形容詞「めでたし」の語幹です。例文は「速し」「深し」の語幹。

入試情報 「なみ」は、「波」と「無み」の掛詞になることがある。「無み」は、形容詞「無し」の語幹に「み」がついたもの。『和歌の修辞法』掛詞ベスト40 29 参照。

出題頻度 ★★★

167

きこゆ

［聞こゆ］動

現代語訳

①聞こえる
②評判になる
｝〔一般動詞〕

③申し上げる 〔謙譲語〕

関連語

参 221 ●きこえ［聞こえ］名＝評判・噂《うわさ》
おぼえ＝①評判 ②寵愛

客体《きゃくたい》が高位かどうか、主体が聞くか言うかで判断

〔一般動詞〕と〔謙譲語〕の二つの用法があります。〔謙譲語〕は〈客体＝高位〉の場合の敬語表現。客体の位が高い場合は〔謙譲語〕だと判断します。

〔一般動詞〕の場合は、文字どおり**聞こえる**ことで、「①聞こえる」「②評判になる」と訳します。②は**世間に聞こえる**という発想。

一方、〔謙譲語〕の場合は**言う**ほう。高位の客体に聞いていただくために低位の主体が「③申し上げる」という発想です。

主体が聞く（①②）のか**言う**（③）のかでも判断できます（『マドンナ古文』第13章参照）。

＊主体＝動作の主語　客体＝動作の目的語・補語

例文

夜はまだ深いと思っていたが、夜が明けたのか鶏の声が**きこゆ**。
≫夜明けを告げる鶏の声が「聞こえる」。〔一般動詞〕の用法。

名高く**きこゆる**姫の美しい姿をひと目だけでも見たいと思う。
≫「評判になっている」。〝名高い〟がヒント。〔一般動詞〕の用法。

中宮《ちゅうぐう》が和歌をくださったので、急いで返しの歌を**きこゆ**。
≫〝高位〟の中宮に対して返歌を〝言う〟。〔謙譲語〕で「申し上げる」。

入試情報 動詞の直後で補助動詞として使われる「きこゆ」は、すべて〔謙譲語〕である。「思ひきこゆ＝思い申し上げる」など。詳しくは、『マドンナ古文』第13章参照。

出題頻度 ★★

168

あな
あはれ

【　】感
【　】感

現代語訳

ああ

関連語

参 106 あはれなり 形動 ＝感慨深い

ため息は「あな〜」「あ〜は〜れ〜」だった!?

感極《きわ》まって思わず洩《も》れたため息を、そのまま文字にしたのが「あな」「あはれ」。ともに「ああ」と訳します。喜怒哀楽《きどあいらく》のさまざまな感情表現に使われます。

「あな」「あはれ」とも、品詞名も問われます。〝感動〟を文字にした言葉だから〈**感動詞**〉。要注意は、同語源の「**106** あはれなり」。こちらはため息そのものではなく、ため息の出そうな〝状態〟を示すから〈**形容動詞**〉です。

「あな」「あはれ」は、多くの場合、**形容詞の語幹**とセットで使われます（次ページ 参考 参照）。**あな・あはれ＋形容詞の語幹＝ああ、〜だなあ**と丸暗記！　傍線訳で意味を問うのはもちろん、「あな・あはれ」の直後の空欄に形容詞の語幹を補充させる問題もあります。

例文

「あはれ、つらい世の中だ」と嘆く隣人の声が壁越しに聞こえる。

≫「ああ」つらい。隣の声が届くほど接近した家々。貧しい一帯だろう。

「あな、かま」と手で合図して制止するが、相手は気づかない。

≫「123 かまし」の語幹を伴い「ああ、やかましい」。「しっ静かに」の意訳もよい。

入試情報　感動詞については、155ページの入試情報を参照。

参考

形容詞の語幹は感動表現

〈形容詞の語幹〉は、ほかの語が後ろに接続せずに単独で使われると感動表現となり、「〜だなあ」と訳します。

民謡『花笠音頭《はながさおんど》』の〝♪めでた、めでたァのォ…♪〟がそうです。また、関西では、形容詞〝寒い〟〝しんどい〟の語幹だけを使って、〝さむ〟〝しんど〟と今でも言っています。寒いなァ、しんどいなァということですね。

このように単独で使われることもありますが、多くの場合は〈感動詞〉の「あな」「あはれ」とセットで出てきます。〝ああ、さむ〟〝ああ、しんど〟と今でも言うのと同じです。

出題頻度 ★

169

～ごさんなれ。

［にこそあるなれの約］ 連語

現代語訳

～であるらしい
～だそうだ
～だということだ

関連語

「にこそあるなれ」がつづまって「ごさんなれ」

「ごさんなれ」は「にこそあるなれ」がつづまったもの（左ページ図解参照）。分解すると「**に**＋**こそ**＋**ある**＋**なれ**」となります。

「に」は**断定**の助動詞「なり」の連用形。係助詞「こそ」は訳さないので、「にこそある」で「である・だ」と訳します。

「なれ」は「なり」の已然形。係結びの法則「こそ～已然形。」によるもの。この「なり」は**伝聞推定**の助動詞で、「～らしい・～そうだ・～ということだ」などと訳します（『マドンナ古文』第9章参照）。

「～にこそあるなれ」全体で「～であるらしい・～だそうだ・～だということだ」と訳します。訳の一つを丸暗記！

難関大学は「ごさんなれ」の文法的説明も要求します。なお、「ん」は「る」の撥《はっ》音便です（『マドンナ古文』137ページ参照）。

例文

さては、幼いときに生き別れになった弟**ごさんなれ**。

≫生き別れの弟「であるらしい」。さては、弟だなと推定している。

✎参考　「ごさんなれ」は軍記物語に特有の表現。『平家物語』などの語り文学では、語り手が戦乱の臨場感を出そうとして勢い余り、よく言葉がつづまる。

図解 「ごさんなれ。」の成り立ち

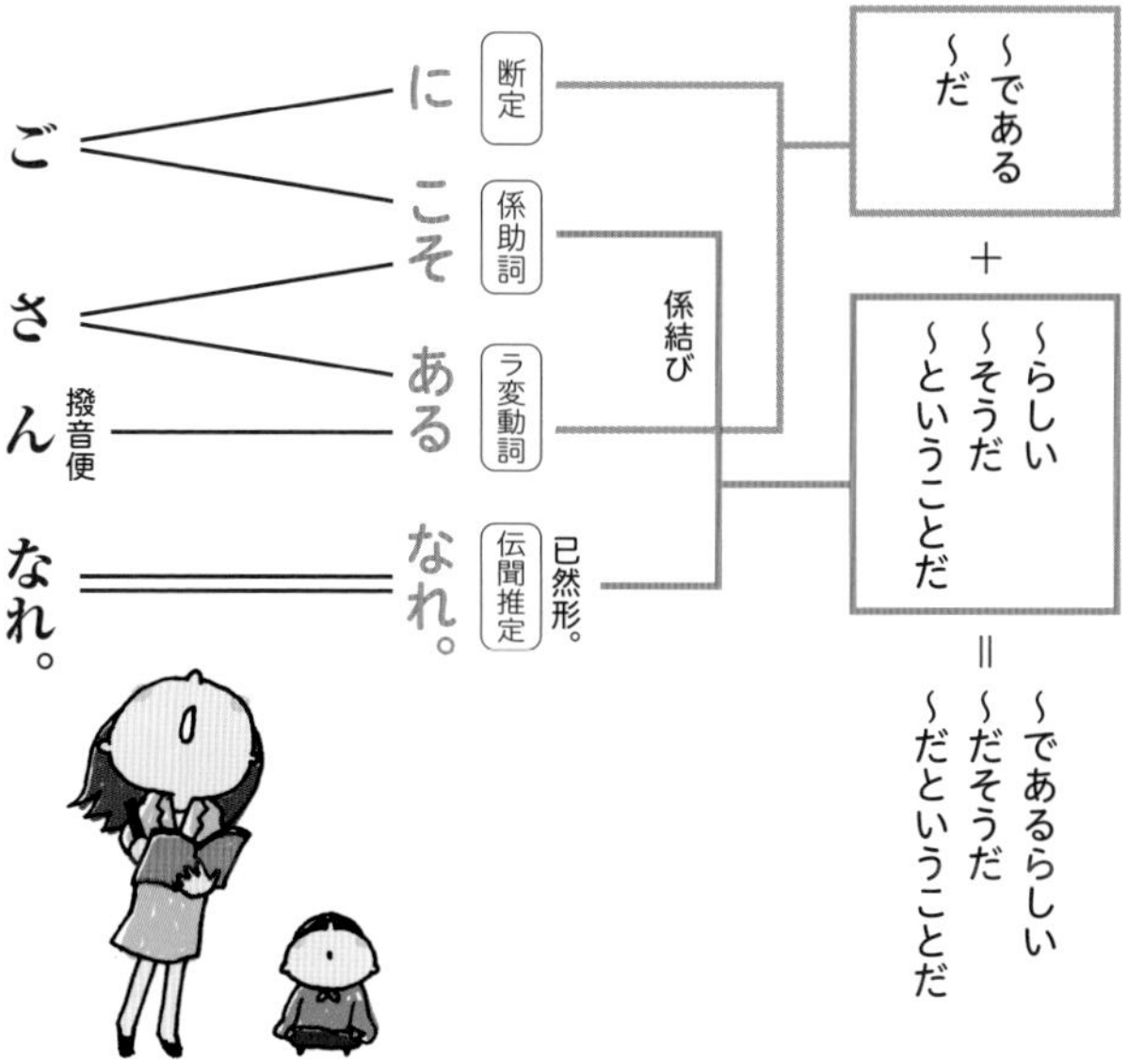

参考

「こそ～已然形。」と「こそ～已然形、」

係助詞「こそ」が文中にあると文末が〈已然形〉になるという法則があります。〈係結びの法則〉の一つです。

「こそ」は訳す必要のない語。また、文末が已然形になっても、訳は終止形と同じです。「花こそ咲け。」は「花が咲く。」と訳します。「こそ～已然形。」のときは、この要領で訳してください。

同じ「こそ～已然形」でも、文中にくると訳が変わります。「こそ～已然形、」の場合は〝逆接〟で「、」の部分に「～が・けれど」を補います。「花こそ咲け、」は「花は咲くけれど、」と訳すのです（『マドンナ古文』第2・3章参照）。

「こそ～已然形」の後ろが句点「。」か読点「、」かは要注意！「169～ごさんなれ。」と「170未然形＋ばこそあらめ、」の理解に役立てましょう。

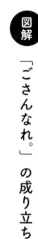

出題頻度 ★

170

未然形＋ばこそあらめ、

【ー】 連語

現代語訳

～ならともかく

＊「こそあらめ、」の形で使われることもある。

関連語

仮定「未然形＋ば」と逆接「こそ～已然形、」の合体

「未然形＋ば」は**仮定**で「もし～なら」。

「あらめ」の「め」は助動詞「む」の已然形で、文中の「こそ～已然形、」は**逆接**になります（189ページ 参考 参照）。

已然形「め」の訳は終止形「む」に同じ。**推量**の「む」だから、「あらめ」で「あるだろう」と訳します。

「未然形＋ば＋こそ＋あら＋め、」の全体を直訳すると、「**もし～なら**（**そういうことも**）**あるだろうが、**」ということ。たとえば、「子どもならばこそあらめ、…」は「もし子どもならそういうこともあるだろうが、…」となります。もっと簡単に言うと「子どもならともかく（大人はそんなことはしない）」ということですね。だから、「**～ならともかく**」**と意訳**できます。直訳で語源を理解し、訳については便利な意訳を丸暗記しましょう。「こそあらめ、」だけでも同じ意味です。

例文

怠け心ならばこそあらめ、雨のせいで行けないのだから恨むなよ。

≫怠慢である「ならともかく」。怠慢で行かないなら恨まれもしようが…の意味。

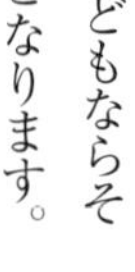

第7章

読むために必要な基本語22

設問に直接あがる率は低いですが、文章の内容を理解するのに必要な基本単語です。入試は時間との闘い。長文を速く正しく読まなければなりません。ほとんど無意識に意味が拾えるくらいに、訓練しましょう。

なお、文章を読むためには単語力・文法力・読解力に加えて、古文常識の知識も必要です。古文常識は姉妹書『マドンナ古文常識 217』で学んでください。

出題頻度 ★★

171

ふみ

［文］ 名

現代語訳

①手紙
②書物
③学問
④漢詩

関連語

同① 75せうそこ＝①連絡・手紙 ②挨拶・訪問

参 ●まな［真名］＝漢字
●かな［仮名］＝ひらがな

私文書は「手紙」、公的な「書物」や「学問」は「漢詩」

「文」は、その字のとおり**文書**が原義です。**個人的な文書**の意味で「①手紙」の訳があります。文章中の「文」のほとんどはこの意味です。同意語は「**75**せうそこ［消息］」。

公の文書の意味で「②書物」の訳があります。書物は「③学問」のためのもの。また、平安時代の男子の学問は**漢詩**を中心としましたので、「④漢詩」の訳もあります（『マドンナ古文常識』166参照）。これらは**文脈で判断**します。

例文

老いた母から、急な用件だといってふみがあった。
≫母からの至急の「手紙」。手紙を届けたのは使者であろう。

身につけておきたいものは、本格的なふみの道である。
≫“本格的な～の道”がヒント。正しい「学問」の道。

春に鶯《うぐいす》が鳴くのは趣《おもむき》があるとして、歌にもふみにも作るらしい。
≫“歌にもふみにも”の並列がヒント。和歌にも「漢詩」にも。

✎参考　漢字は男の使う正式の文字で「真名〈まな〉」、ひらがなは女の使う仮の文字で「仮名〈かな〉」と呼んだ。詳しくは、『マドンナ古文常識』167参照。

出題頻度 ★★

172 おこす

［遣す］ 動

現代語訳 よこす

関連語

手紙や使者を「おこす」は「よこす」

「おこす」は「遣《おこ》す」。派遣の〝遣〟の字のとおり「よこす」の意味。「おこす」は「よこす」と覚えましょう。相手が手紙や使者を送ってくるような文脈に使われます。

例文

別の女に心を移した夫は、召使《めしつかい》を使って家財道具を取りにおこす。

» もとの妻のところに置いていた家具を取りに召使を「よこす」。

参考 「おこす」には、「起こす」もあるが、設問にあがることはない。

出題頻度 ★★

173 いらふ

［答ふ・応ふ］ 動

現代語訳 答える・返事をする

関連語

参 ● いらへ 名 ＝答え・返事

「いらふ」は「返事をする」、「いらへ」は「返事」

「答ふ・応ふ」と書いて「いらふ」。「答える・返事をする」と訳します。口頭の返事にも手紙の返事にも使います。「いらふ」は動詞。名詞は「いらへ」。

例文

母の話にふたりの子はすげなくいらへて、取り合わなかった。

» ふたりの子は母にとおりいっぺんの「返事をし」て、聞き流した。

出題頻度 ★★

174 まだし

［未し］ 形

現代語訳
①まだ早い
②未熟だ

まだ「早い」、まだ「未熟だ」

「未し」は「まだ」の音が示すとおり、まだ「①早い」、まだ「②未熟だ」の意味です。**時期**を問題にしていれば「①早い」。**技能・才能**を問題にしていれば「②未熟だ」。

例文

琴や笛を習う場合、まだしきうちは上手《じょうず》な人が羨《うらや》ましいものだ。

≫琴や笛の技能の問題。「未熟な」うちは上級者が羨ましい。

関連語

出題頻度 ★★

175 ゆくりなし

［Ｉ］ 形

現代語訳
突然だ・思いがけない

「ゆくりなし」はゆっくりじゃない!?

「ゆくりなし」は「突然だ・思いがけない」と訳します。語源は複雑で暗記の助けにはなりません。**ゆっくりじゃない**のゴロで、「突然だ」の訳を覚えておきましょう。

例文

大将は酒に酔って、ゆくりもなく大臣家を訪問なさった。

≫酒に酔って「突然に」訪問した。上位の大臣に対し無礼な行動。

関連語

参考　強調の係助詞「も」が入って「ゆくりもなし」となることもある。訳は同じ。

出題頻度 ★★

176 すなはち

［即ち］副

現代語訳 すぐに

「即《すなは》ち」は即席ラーメンの「即」！

「即」の字のとおり「すぐに」の意味。漢字で暗記します。

平安女流文学の「すなはち」は圧倒的にこの意味です。

例文

対面が許された喜びに、すなはち参上いたしました。

≫対面できるのがうれしくて、「すぐに」来たということ。

関連語

参 ●すなはち［則ち］＝つまり

参考 "つまり"の意味の「すなはち」は「則ち」。論理的な文章に多い。

出題頻度 ★★

177 なべて

［並べて］副

現代語訳 一般に・総じて

「並《な》べて」は並《なら》べて一般化する

「並べて」の字のとおり、横一列に並べて平均化するのが原義で、「一般に・総じて」と訳します。「なべての」は「一般の」と訳してください。同意語は「178おほかた」。

例文

都の人はなべて心が柔らかく情けがある。

≫都の人は「一般に・総じて」柔和で情け深い。

関連語

同 178おほかた＝①だいたい・一般に ②そもそも

参考 「なべて」は、現代では"おしなべて"と使っている。意味はまったく同じ。

出題頻度 ★★

178

おほかた

［大方］副

現代語訳

①だいたい・一般に
②そもそも

＊②は話の切り出しに使う。

関連語

同① 177 なべて＝一般に・総じて

大ざっぱに「だいたい」、話の切り出しは「そもそも」

「おほかた」は、今でも〝**大方**の見方は好意的だ〟などと使うように「①だいたい・一般に」と訳します。①の同意語には「177 なべて」があります。

①の訳「だいたい」は、今も〝だいたいねぇ、君が悪いんだよ〟などと**話の切り出し**にも使いますね。古語の「おほかた」にもその用法があって、「②そもそも」と訳します。急に**話の矛先**《ほこさき》が変わったり、**新しい話題**に移ったりするときはこの訳です。

例文

この夏はおほかた涼しかったので、扇を使うことも忘れたほどだ。

≫「だいたい」涼しかった。「概して・全般に」の意訳も可。

おほかた、ここに住み始めたころは仮住まいのつもりだった。

≫話の切り出し。「そもそも」は長く住むつもりではなかった。

出題頻度 ★★

179

おのづから

［自ら］ 副

現代語訳

① 自然と
② 偶然・たまたま
③ 万一・ひょっとして

＊③は仮定文に多い。

関連語

参 ● みづから［自ら］＝①自分 ②自分から進んで

「自然」の動向は「偶然」性が高く「万一」もある

「**自ら**《おのづか》」の字のとおり、「①自然と」の訳があります。今も〝結果はおのずから出てくる〟と使っていますね。

自然の成り行きは**偶然性**が高いので、「②偶然・たまたま」の訳もあります。また、自然は**人為**《じんい》**を超える**ので、あり得ないようなことも「③万一・ひょっとして」起こるかもしれないという訳も…。③は仮定文が圧倒的。

紛らわしい語に「みづから」があります。漢字は同じく「自ら」ですが、もとの語源は〝身づから〟で「自分（から進んで）」の意味。「おのづから」と混同しないように。

例文

おのづからやってきた人も、縁先に座ってみなと一緒に話をする。

≫「たまたま」来た人も一緒に楽しく談笑するのである。

おのづから殿の悪口を申す者がいたら、容赦なく捕らえよ。

≫もしも殿の悪口を言う者がいたら…の仮定。「万一」の意味。

出題頻度 ★★

180

たぐひ

類《たぐい》まれなと今も使っている

［類］名

現代語訳 種類・例

「類」は「種類・例」のこと。「種類」の訳は文字どおりです。「例」の訳は〝類まれな（＝例を見ない）〟の表現では今も使います。

例文

こんな悲しい気持ちは、世の中にまたたぐひあることと思えない。

≫この世にこの悲しみと同じ「種類・例」はまたとない。

関連語

参 同

181 ●ためし［例］＝種類・例・たとえ
れい＝いつも

出題頻度 ★

181

れい

「例」のお店で待っててね！

［例］名

現代語訳 いつも

今でも〝例のお店で待つ〟などと使うように、「例」は「いつも」と訳します。

「例ならず＝いつもと違う」という表現もよく文章中に出てきます。

例文

五六日経っても夫から連絡がない。例ならぬほどになった。

≫通《かよ》い婚の夫の不通が続き、「いつもと違う」ほどの空白期間になった。「ぬ」は「ず」の連体形。

関連語

参

180 ●ためし［例］＝種類・例・たとえ
たぐひ＝種類・例

参考 「例示・たとえ」の意味の「例」もあるが、設問にあがることはない。

出題頻度 ★★

182 はばかる

［憚る］動

現代語訳 遠慮する・気にする

人目をはばかるは人目を「気にする」こと

「はばかる」は「遠慮する・気にする」と訳します。今でも〝人目を**はばかる**〟と使います。

人目を気にして、行動を遠慮がちに控《ひか》えることですね。

例文

人の非難もはばからず、女との逢瀬《おうせ》を重ねていた。

» 人々の非難も「気にせ」ず、デートを重ねた。

関連語

参 ● はばかり 名 ＝遠慮

出題頻度 ★★

183 まどふ

［惑ふ］動

現代語訳 慌《あわ》てる・心乱れる 困惑する

逃げ惑うの「まどふ」で「慌てる」

「惑ふ」は「慌てる・心乱れる・困惑する」と訳します。現代語の〝逃げ**惑う**〟〝戸**惑う**〟にこの意味が残っていますね。**落ちつきがなくあたふたとする感じ**を言います。

例文

息子が気絶してしまったので、親はまどひて願《がん》を立てた。

» 親は「慌て」て、息子の意識が戻るように神仏に祈った。

関連語

参 ● まどはす 他動 ＝慌てさせる 心を乱れさせる 困惑させる

参考 恋愛の場面では、恋の相手に夢中になっておろおろする様子に使う。

出題頻度
★★
184

ゐる

［居る］動

現代語訳
座る・座っている

関連語
参
●ゐざる［居ざる］＝ひざをすべらせて移動する
●をり［居り］＝いる
●ゐる［率る］＝率いる

「ゐる」は原則として「座っている」

「ゐる［居る］」は、「立つ」に対して**静止した状態**を意味する語です。人間が主語の場合は、99パーセント「**座る・座っている**」と訳します。現代語の〝居酒屋〟にこの意味が残っています。「座って」お酒を飲む店ですね。

関連語に「**ゐざる**［居ざる］」があります。「ひざをすべらせて移動する・膝行《しっこう》する」と訳します（『マドンナ古文常識』59参照）。難関大学志望者は、覚えておきましょう。

ところで、単に〝そこにいる〟場合は「をり［居り］」と言います。同じ「居」の字ですが、読みが違うので注意。

逆に、同じ読みの紛らわしい語に「率《ゐ》る＝率《ひき》いる」があります。ひらがなの場合は、どちらか文脈判断です。

例文

関白《かんぱく》の外出を、大納言《だいなごん》ほか多くの人々がゐ並びて見送りなさる。

≫大納言以下の人々が並んで「座っ」て見送る。土下座の最敬礼である。

参考　主語が人間以外のものであれば、その静止状態を考えて意訳する。「（鳥が）止まっている」「（舟が）泊まっている」など。

出題頻度 ★★

185

～やる

［遣る］ 動

現代語訳

遠く～する

＊「思ひやる＝想像する」は間違えやすいので注意。

関連語

参 193 こころやる［心遣る］＝気を晴らす

「～遣《や》る」は遠い距離を示す

「～やる」は「**遣る**」と書きます。派遣の「遣」の字、〝向こうへやる・遠くへやる〟の「やる」です。「～やる」と出てきたら**遠い距離**を感じてください。

「～」の部分には、いろいろな動詞が入ります。どんな語が入っても「遠く～する」と訳しましょう。「見やる＝遠くを見る」「いひやる＝遠くへ向かって言う」の要領です。

注意してほしいのは「**思ひやる**」。うっかりすると〝相手を気遣《づか》う〟という現代語の意味に取ってしまいそうになりますが、そうではありません。「遠くに思いを馳《は》せる」こと。多くの場合は「**想像する**」**と意訳**されます。難関大学は設問にあげることもあるので、意訳を丸暗記しましょう。

関連語に「193こころやる」があります。

例文

私がしてもいない浮気を、勝手に思ひやりて嫉妬《しっと》してはいけない。

≫してもいない浮気を、していると勝手に「想像し」て。

参考　頻度は低いが、「(最後まで)～しきる」の意味もある。動作そのものが遠く最後まで及ぶという発想。「渡りもやらず＝渡りきれない」など、多くは打消を伴う。

出題頻度
★★
186

～はつ

［果つ］動

現代語訳
～し終わる
すっかり～する

関連語
反
197 ～さす＝～するのを途中でやめる

「～果つ」で動作の終結

〝この世の果て〟などと言うように、「果つ」は**終わり**を意味します。だから、「～はつ」は「～」の動作を**最後までし終える**こと。「～し終わる・すっかり～する」と訳します。今でも〝疲れ果てる（＝すっかり疲れきる）〟は使いますね。

反意語に「**197**～さす」があります。

例文

まわりの人にみな和歌を詠《よ》ませはてて、最後に自分が詠む。

≫みなに詠ませ「終わっ」て、最後に自分が詠む。

出題頻度 ★★

187 うつつ

［現］ 名

現代語訳 **現実**

関連語

夢か「うつつ」か幻か…の言いまわしで覚える

「現《うつつ》」は文字どおり「現実」の意味。今でも"夢**うつつ**の状態""夢か**うつつ**か幻か"などと使いますね。古文では、夢や幻とのセットはもちろん、単独でも使われます。

例文

昨夜のことは夢かうつつか、寝ていたのか覚《さ》めていたのか。

≫夢なのか「現実」なのか、昨夜のことはよくわからない。

出題頻度 ★

188 われか

［我か］ 連語

現代語訳 **茫然《ぼうぜん》とする**

*「われかひとか」も同じ意味。

関連語

「我か」人かわからない茫然自失《ぼうぜんじしつ》の状態

「われか」は、我か人かわからないということ。それほど**取り乱した状態**のことで、「茫然とする」と訳します。「われかひとか」とも。また、「夢かうつつか」の表現も同意。

例文

不義密通《ふぎみっつう》が露顕《ろけん》して、われかの心地《ここち》して死にそうな思いである。

≫「茫然とした」気持ち。不義密通がばれたショックで気絶寸前。

出題頻度 ★

189

なやむ
わづらふ

【悩む】動

【①煩ふ　②患ふ】動

現代語訳

①悩む
②病気になる

関連語

参 ●なやまし形＝気分がすぐれない・病気のようだ

反 ●25おこたる＝病気がよくなる

参 ●ここち＝①気持ち　②気分・体調

●なやみ名＝①悩み　②病気

病は気から、心が悩むと「病気になる」

「悩む」には「①悩む」の意味もありますが、古文では圧倒的に「②病気になる」と訳します。**病は気から**の発想ですね。

形容詞「悩まし」も「気分が優《すぐ》れない・病気のようだ」の意味で、色っぽいことではありませんから要注意。ついでに言うと、「心地《ここち》」も、「気持ち」のほかに「気分・体調」の意味があります。

「わづらふ」にも「①悩む」「②病気になる」の二つの意味があります。今も〝思い**煩《わずら》う**〟〝病気を**患《わずら》う**〟と言っていますね。

反意語は「**25**おこたる」。

例文

熱病に長い間《あいだ》なやみなさっているので、加持祈禱《かじきとう》をさせる。

»熱病にかかる。「病気になる」の意味。病は物《もの》の怪《け》のしわざと考えて祈禱で治した。

男はわづらひて、今にも息が絶えそうである。

»男は「病気になっ」て、瀕死《ひんし》の状態である。

出題頻度 ★

190

しるし

［著し］形

現代語訳

顕著だ
はっきり現れている

関連語

参 13 しるし［験］＝効果・効きめ

いちじるしいの「著し《しる》」で「顕著だ」

「著し」と書いて「しるし」。〝いちじるしい〟の〝じるし〟の部分に音のダブリも残っていますね。字のとおり、「顕著だ・はっきり現れている」という意味。〝じるし〟の音と「著し」の漢字で、「顕著だ」の訳を暗記します。

紛らわしい語は「13しるし［験］」。音は同じですが、意味はまったく違います。文脈判断しましょう。

例文

身分はお明かしにならないが、**しるき**身のふるまいである。

» 身分の高さが「はっきり現れている」ような動作である。

出題頻度 ★★

191

むね

【宗・主】名

現代語訳 中心

関連語

「むね」は「中心」！ 旨《むね》・胸・棟《むね》も同語源

「むね」は「**中心**」の意味。同語源の語に“旨・胸・棟”があります。“旨”は話の**中心**的要点、“胸”は♡《ハート》の意味でも心臓の意味でも人間という存在の**中心**、“棟”は建物を支える**中心**の横木。関連づけて暗記すると忘れない！

例文

家の造り方は夏をむねとすべきである。

» 家の造り方は、夏の過ごしやすさを「中心」に考えるべきだ。

出題頻度 ★

192

はた

【将】副

現代語訳 また

関連語

今でもはたまたと使う

「はた」は「また」と訳します。今でも“**はたまた**”とペアでは使っていますね。

例文

女は男を思って眠れない。男もはた寝られず、女を恋しく思う。

» 女と同様に男も「また」眠れない。それほど思いが強いのだ。

参考　英語のtoo・alsoに当たる語。Aだけでなく Bも「また」の意味。

第8章

人と差のつく難関語38

難関大学が過去に設問にあげたことのある単語を集めました。出題頻度は高くありませんが、もしも出題されたらライバルに差をつけることができます。１点を争う難関大学だからこその極《きわ》めつけの単語群！　共通テストも、単語力は難関レベルです。貪欲《どんよく》に取り込んで、優位に立ちましょう。

なお、中堅大学の場合は、その大半が、〔注〕による説明をつけてくれます。さらっと読み流してください。

出題頻度 ★★

193

こころやる

【心遣る】動

現代語訳

気を晴らす

＊「心を遣る」も同じ。

悩む「心」を遠くへ「遣《や》る」とは、「気を晴らす」

「心遣る」の「遣る」は、**遠くへやる**こと。この場合の「心」は**悩み**のことです。**悩みごとを遠くへ放り投げる**が原義で、「気を晴らす」と訳します。「心を遣る」も同じ意味です。

この意味の「やる」は、現代語の〝やりきれない〟〝やるせない〟に残っています。どちらも「気が晴れる」ことがないという表現ですね。

名詞「こころやり」は「気晴らし」。

応用編として「**やりがたき心地《ここち》**」も理解しておきましょう。「がたき」は「115 かたし＝できない」。「心」が「心地」に変わり、語順も入れ替わっていますが同じことです。「晴らすことのできない気分（悩み）」と訳します。難関大学にはこのような応用力も必要です。

同じ語源の語に「185 ～やる」があります。

例文

美しい桜花を見ると、こころをやりて今日を暮らせる。

≫「気を晴らし」て。美しい桜花を見ると悩みを忘れられるのだ。

関連語

参

185 ● こころやり 名 ＝気晴らし

～やる［遣る］＝遠く～する

出題頻度 ★★

194 こころゆく 【心行く】 動

現代語訳 満足する・気がすむ

「こころゆく」まで楽しむとは、「満足する」まで

今でも〝こころゆくまでお楽しみください〟と言うように、心が満ちてゆくこと。「こころゆく」は「満足する・気がすむ」の意味です。同意語は「31あく」。

例文

はじめから、母は娘のこの縁談にこころゆかぬ様子だった。

≫母はこの縁談に「満足し」ていない。

関連語

参 同 31あく＝満足する

● こころ(を)ゆかす 他動 ＝心を満足させる

出題頻度 ★★

195 さがなし 【性無し】 形

現代語訳 意地が悪い

「性《さが》無《な》し」とは性格がよくないこと

「さが」は「性」と書きます。今でも〝哀しい性《さが》〟〝女の性《さが》〟など、「性」を「さが」と読みますよね。「性無し」とは性格がよくないこと。「意地が悪い」と訳します。

例文

妻は老いた姑《しゅうとめ》を嫌い、姑のことを「さがなし」と夫に吹き込んだ。

≫「意地が悪い」と、姑の悪口をあることないこと告げ口した。

関連語

参考 子どもの描写に使われた場合は「いたずらっ子だ」。特に女の子の場合は「おてんばだ」の意味。

出題頻度 ★★

196

さらなり ［更なり］形動
ろんなし ［論無し］形

現代語訳

言うまでもない・もちろん

*慣用句
いふもさらなり
いへばさらなり
さらにもいはず
＝言うまでもない

関連語

同 162 **さるものにて**＝①それはそれとして それはともかく ②言うまでもなく もちろん

参 116 **さらに～打消**＝まったく～ない

今更言わなくても「もちろん」。論ずるまでもなく「もちろん」

「さらなり」の「更」は、〝今更〟の意味。**今更言うまでもない**が原義で、「言うまでもない・もちろん」と訳します。「**いふもさらなり**」「**いへばさらなり**」「**さらにもいはず**」の慣用表現も同じ意味です。

ところで、「さらなり」の連用形は「**さらに**」。活用しても訳は変わりませんが、これと「**116**さらに～打消＝まったく～ない」の混同を誘う問題もあります。「打消」を伴っている場合でも、「もちろん～ない」と訳すべきか、「まったく～ない」と訳すべきか、必ず**文脈判断**してください。

「論無し」は**論ずるまでもない**が原義で、「言うまでもない・もちろん」。多くの場合は、連用形「ろんなく」の形で出ます。

「**162**さるものにて」にも同じ意味があります。

例文

夏は夜が趣《おもむき》深い。月の出ているころはさらなり。

≫夏は夜がいい。月の出ているころがよいのは「言うまでもない」。

叔母《おば》と姪《めい》の関係なので、ろんなく似通《にかよ》っていらっしゃる。

≫「言うまでもなく」（顔つきが）似ていらっしゃる。

出題頻度 ★★

197

～さす

［止す］ 接尾

現代語訳

～するのを途中でやめる

関連語

反 186 ～はつ＝～し終わる・すっかり～する

動作を途中で「止《さ》す」

「～さす」は「止す」。「～」の部分の**動作を**
やりかけてSTOPすること。「～するのを途
中でやめる」と訳してください。
関西では〝燃え**さし**の木ぎれ〟〝ご飯を食べ
さしにしない〟などと今でも使っています。

例文

格子《こうし》を下ろしていると殿が来られたので、下ろしさして控《ひか》えた。

≫下ろすのを「途中でやめ」て、その場に控えてお出迎えしたのだ。

出題頻度
★★

198

はしたなし

【端なし】形

現代語訳

①中途半端だ
②体裁《ていさい》が悪い　みっともない

関連語

「端《はした》なし＝端《はした》」で「中途半端」は「みっともない」

「なし」は程度の接尾語ですが、受験生には不要の知識なので無視してもかまいません。否定語の〝無し〟ではないことだけを意識して、「**端なし＝端**」と暗記しましょう。

「端」は今も〝端金《はしたがね》〟と言うように、「①中途半端だ」の意味。

中途半端は見苦しいので「②体裁《ていさい》が悪い・みっともない」の訳もあります。②は今も〝はしたない格好《かっこう》〟と言いますね。

例文

はしたなきもの、ほかの人を呼んでいるのに私ですかと出ていくこと。

≫「体裁が悪い・みっともない」。ここは「ばつが悪い」も可。

出題頻度 ★★ 199

〜さる

【—】動

現代語訳 〜になる・〜が来る

＊「〜」の部分は時・季節を示す語。

関連語

参 ●夕さり 名 ＝夕方

「〜さる」は、去るのではなくて「来る」！

「夕《ゆふ》さる」「春さる」など、「〜さる」の「〜」の部分には**時・季節を表す語**が入り、「〜が来る・〜になる」と訳します。うっかり"去る"と訳すと、**まったく逆！** 要注意です。

例文

夕されば山を越えて私はやって来る。愛《いと》しい妻に逢《あ》いたくて…。

≫「夕方になる」と恋しい妻のところへ山越えして通《かよ》う。

参考 年配者は今も"夜〈よ〉さり"の表現で、この「さる」を使っている。

出題頻度 ★★ 200

やをら

【柔ら】副

現代語訳 そっと・静かに

関連語

柔《やわら》がなまって「やをら」。柔軟で静かな動作

「やわら」がなまって「やをら」。「**柔**」の字のとおり、**柔らかい静かな動き**を意味し、「そっと」と訳します。今でも"やおら後ろから近づく"などと使っていますよ。

例文

廊下《ろうか》の戸が開いていたので、やをら近寄って覗《のぞ》いてみた。

≫「そっと」近づいて覗く。中に女性がいるのであろう。

出題頻度 ★★

201

ようい

【用意】 名

現代語訳

① 用心

② 配慮・心遣《づか》い

関連語

参 121 いそぎ・まうけ＝準備

「意＝心」で「用心」。心を用いて「配慮」

「用意」の「意」は「心」と同意。「**意＝心**」**と置き換える**と、「用意＝用心」となります。こうして「①用心」の訳を覚えましょう。「用心」の**二字を入れ換えると心を用いる**。だから「②配慮・心遣い」とも訳します。

準備という現代用法は古語ではまれです。「準備」と訳すのは「121いそぎ・まうけ」。

例文

達人でない者は、人の技芸をほめるのも少し**ようい**すべきである。

≫ほめる場合でも「用心」すべき。達人のみが人を評価できる。

顔形もすばらしく、**ようい**もあり、非の打ちどころがない。

≫容姿もよく、「配慮・心遣い」もあり、完璧だ。

出題頻度 ★★

202

おくる

【後る】動

現代語訳

後《あと》に残る・取り残される

関連語

参 ●おくらす 他動 ＝後に残す・取り残す

「後《おく》る」の漢字を当てて暗記！

「おくる」は「**後る**」と書きます。意味は字のとおりで、「後に残る・取り残される」と訳します。

現代語でこれに近い表現は〝死におくれる〟で、自分が生き残ったことを意味しますね。古文では、生死の場面だけでなく広く一般的に使われます。

「おくる」には「送る」もありますが、**活用の種類**が違います。

■送る（四段）
ら／り／る／る／れ／れ

■後る（下二段）
れ／れ／る／るる／るれ／れよ

文脈で判断できないときは、**活用**で見分けてください。

また、「おくれ」の形で出されるとつい「遅れ」と勘違いしそうですが、「遅れ」ならわざわざ問うこともないな…と気づいて！

例文

あなたの渡る川が増水したのは、おくれて流す私の涙のせいです。

≫「取り残され」て流す涙。〝涙で川が増水した〟はもちろん誇張表現。

出題頻度
★★

203

かる

［離る］動

現代語訳
離れる

関連語

参
- 117 よをかる［世を離る］＝出家する
- ● よがれ［夜離れ］＝恋しい男性の夜の通いが途絶えること
- 8 あからさまなり［離ら様なり］＝ちょっと・しばらくの間
- ● あからめ［離ら目］＝①よそ見 ②浮気

掛
- ● かる→離る・枯る

読み書きと訳をまとめて暗記

「**離る**」と書いて「かる」。文字どおり「離れる」の意味です。漢字の読み書きも出ますから、訳とセットにして覚えましょう。「117世を離《か》る」や「夜《よ》離《が》れ」の表現でも出題されています。「夜離れ」は「恋しい男性の夜の通《かよ》いが途《と》絶《だ》えること」です。

和歌中では、「**離る・枯る**」の掛詞《かけことば》になることもあります（『和歌の修辞法』掛詞ベスト40⑳参照）。これも丸暗記。

「離る」は「あかる」とも読みますが、この読みに関わるのは「8あからさま［離ら様］なり」の語源。ついでに言うと、「あからめ［離ら目］」は、〝目線を離し〟て「①よそ見」したり「②浮気」したりすること。

例文

人を待つ気持ちはつらいから、女の待つ家へは**かれ**ずに通《かよ》う。

≫「離れ」ずに通う。疎遠にならないようにという意味。

参考　平安時代の結婚の多くは、通い婚の形をとった。男性が夜に訪れ、夜明け前に帰る。通いの途絶える「夜離れ」は現古融合文によく見られる。

出題頻度 ★★

204

なのめなり

［斜めなり］ 形動

現代語訳

① いいかげんだ・平凡だ
② 格別だ・すばらしい

関連語

プラス・マイナス両用で「平凡だ」「格別だ」

「なのめ」は「斜め」で、**整っていない様子**を意味し、「①いいかげんだ・平凡だ」と訳します。

中世以降、「なのめならず＝非凡だ」と混同され、「②格別だ・すばらしい」という、まったく逆の意味でも使われるようになりました。

マイナス訳か**プラス訳**かは文脈判断します。

例文

もしも悩みごとがなのめなる身なら、楽しくこの世を過ごせるのに。

≫悩みが「平凡な」私なら楽しいのに。実際は深い悩みでつらい。

天皇はその人をなのめに思われ、褒美《ほうび》に土地をお与えになった。

≫褒美を与えるほどに「格別に・すばらしく」お思いになった。

出題頻度 ★★

205

あだなり

［徒なり］ 形動

現代語訳
①むだだ
②はかない
③浮気だ

関連語
参 ● あだごと［徒言］＝冗談
● あだごころ［徒心］＝浮気心
同① 76 いたづらなり＝①むだだ ②むなしい
同③ ● あだあだし［徒徒し］＝浮気だ

一生懸命が「むだ」になる「浮気」は「はかない」

「徒」と書いて「あだ」。徒労《とろう》の「徒」の字が示すとおり、**労力が報われない**というのが原義です。

報われない努力は「①むだだ」し、結果として手にするものは「②はかない」ということになります。また、**男女間**で使われると、愛しても報われない恋愛という意味で「③浮気だ」と訳します。

応用語句を二つ。「あだごと［徒言］」は誠意のない言葉で「冗談」。「あだごころ［徒心］」は「浮気心」。

同語源の「76いたづら［徒ら］なり」は①の同意語、「あだあだし」は③の同意語ですが、いちいち区別して覚えるのはたいへん。大ざっぱに「**あだ≒あだあだし≒いたづらなり**」と覚えておきます。

例文

絹を出す蚕《かいこ》も蝶《ちょう》になってしまうとあだになるものだ。

≫蚕のうちは役に立つが、蝶になると「むだに」なる。「無用に」の意訳も可。

女はその男のことをあだなりと聞いていたので、求婚に応じない。

≫「浮気だ」と聞いていたので、女はその男に心を動かさない。

出題頻度 ★★
206
さはる
［障る］ 動

現代語訳
差し支《つか》える・じゃまになる

関連語

TOUCH《タッチ》ではない！ 差し「障《さは》る」

今は〝差し障る〟などと言う「障る」です。じゃまになる」と訳します。〝触る〟と勘違い支障や障壁の「障」ですから、「差し支える・しないように注意しましょう。

例文

その年の春は、さはることがあって花見に行けなかった。

»「差し支える」こと。花見に行けない何かの事情があったのだ。

参考 「さはる」には「触る」の意味の語もあるが、設問にあがることはない。

出題頻度 ★★
207
せちなり
［切なり］ 形動

現代語訳
切実だ・一途《いちず》だ
＊連用形「せちに」の用例が多い。

関連語
同 ● ひたぶるなり＝ひたすらだ・一途だ

「せちに」は「切に」、つまり「切実に」

「せちなり」は多くの場合は連用形「せちに」で出ます。「切に」と書いて「せちに」。今は〝せつに〟の音に変わっていますが、意味は同じです。「切実に」と訳します。

例文

せちに結婚したかったので、女をさらって山奥で暮らした。

»「切実に・一途に」結婚を望み、強引な駆け落ちに及んだのである。

入試情報 同意語「ひたぶるなり」は国公立二次によく出る。（東京大・お茶の水女子大・新潟大など）

出題頻度 ★★

208 おきつ

［掟つ］動

現代語訳 決める

＊死の場面は「遺言《ゆいごん》する」の意訳もある。

関連語

名詞「掟《おきて》」は今も使う

〝この世の掟〟と言うように「掟」とは「決めごと」のこと。「掟つ」は「掟」の動詞形で、「決める」と訳します。死ぬ前に死後のことを「掟つ」は、「遺言する」と意訳されることも。

例文

「私が死んだらお前も海に入って死ね」と娘に言い**おきつ**。

≫生き恥をさらすなと言い「決める」。「遺言する」の意訳も可。

出題頻度 ★★

209 つれなし

［連無し］形

現代語訳 ①無関係だ ②冷淡だ

関連語

関連無しで「無関係だ」、無関係だから「冷淡だ」

「連《つれ》無し」で**関連がない**、つまり「①無関係だ」と訳します。

無関係だから**愛情がなく**「②冷淡だ」。②は〝つれない人〟と今でも使います。

例文

上手《じょうず》のなかに交《ま》じり、笑われても**つれなく**芸に励む人は上達する。

≫笑われても「無関係に」芸に励む。「気にせず」の意訳も可。

出題頻度 ★★

210 えん(なり)

【艶】 名・形動

現代語訳

①優雅だ・優美だ
②色っぽい

関連語

同① 56 なまめかし=優雅だ・優美だ
85 いうなり/●やさし[優し]
=①優雅だ ②優れている
③優しい
参 ●いろ[色]=①風流 ②恋愛

「艶《えん》」は豊かな色。色とは「風流」と「恋愛」

「艶」は**豊かな色**。「色」は「風流」「恋愛」を意味します(『マドンナ古文常識』12 177参照)。**豊かな風流心《ふうりゅうしん》**は「①優雅だ」、**豊かな恋愛心**は「②色っぽい」。出題頻度は①が圧倒的です。

例文

宮中《きゅうちゅう》で行事のある日は、警護の供人《ともびと》までがえんなる装束《しょうぞく》である。

» 宮中行事の日は、下位の者までが「優美な」衣装である。

参考 ②は今は"艶〈つや〉っぽい"と使う。①は現代語に用法がないので頻出。

出題頻度 ★★

211 かたみに

【片身に・互に】 副

現代語訳

互いに・代《か》わる代《が》わる

関連語

片身は半分。半分ずつ「互いに」

「かたみ」は「**片身**」、つまり**半分ずつ**が原義で「互いに・代わる代わる」と訳します。

例文

ふたりは、趣《おもむき》ある古い品と興《きょう》ある新しい品をかたみに取り交《か》わす。

» ともに趣向を凝《こ》らした古い品と新しい品を「互いに」交換。

出題頻度 ★★

212

やつす
やつる

［窶す］動

［窶る］動

現代語訳

① 地味な姿に変える

② 出家《しゅっけ》する

関連語

同② 117 世をすつ＝出家する
世をのがる＝出家する
世をそむく＝出家する
世をかる＝出家する
世をいとふ＝出家する
みぐしおろす＝出家する
かしらおろす＝出家する
● ほっしんす［発心す］＝出家する

やつれると同語源。地味で質素なさま

「やつす・やつる」は **"やつれる"と同語源**。今は衰えた様子を意味しますが、もとは**みすぼらしい姿**が原義です。

高貴な方が、**人目を忍んで**外出するために、わざとみすぼらしい姿をすることがあります。「①地味な姿に変える」と訳します。入試に出るのは圧倒的に①です。

また、地味な僧衣に身を包むという意味で「②出家する」の訳もあります。②の同意語はたくさんあります（138ページ参照）。

あれ、殿のようだが？違うか？
世を忍ぶ仮の姿じゃ
フフ…

例文

忍び通《がよ》いなので、殿は衣装だけでなく御車もやつしなさる。

≫人目に触れぬように、姿も牛車も「地味なものに変える」のだ。

参考　出家人の地味な僧衣を、「墨染め」「苔〈こけ〉の衣」「苔の袂〈たもと〉」などという。『マドンナ古文常識』188参照。一方、華やかな人々の衣装は「花の衣」という。「苔←→花」の比喩的対比。

出題頻度 ★★

213

なにおふ

［名に負ふ］ 名＋格助＋動

なにしおふ

［名にし負ふ］ 名＋格助＋副助＋動

現代語訳

その名を持つ

＊「その名で知られている」「有名だ」の意訳もある。

関連語

名に責任を負うとは「その名を持つ」

「名に（し）負ふ」とは、**名に責任を負う**こと。たとえば、学くんはその名に学習好きの責任を負っているというわけです。「なに（し）おふ」で「その名を持つ」と訳します。「し」は**強意の**〔**副助詞**〕で訳はしません。だから「し」があってもなくても意味は同じ。「し」の品詞名も頻出です。

『伊勢《いせ》物語』に「なにしおふ」の表現が出てくる在原業平《ありわらのなりひら》の有名な和歌があります。「**名にし負は**ば／いざ言《こと》問はん／都鳥《みやこどり》／わが思ふ人は／ありやなしやと」（都という**名を持つ**のなら、さあ質問しよう都鳥よ、都にいる私の愛する妻は元気でいるのかどうかと）。入試頻出です（『和歌の修辞法』表紙ウラ参照）。

例文

この港は偶然にも故郷と同名だ。なにしおへば波まで懐かしい。

≫故郷と同じ「名を持つ」ので、見知らぬ港なのに懐かしく思う。

入試情報 在原業平の「名にし負はば…」の和歌を一首丸ごと書かせたのは立命館大。成城大は上句を書かせた。また、この和歌は訳・作者名・出典名も頻出。（立命館大・成城大）

出題頻度 ★★

214 いつしか

［何時しか］副

現代語訳 早く

関連語

いつかいつかと待ち望む気持ちで「早く」

いつかいつかと**心待ち**にするのが原義で、「早く」と訳します。

例文

いつしか梅よ咲いてほしい。梅の咲くころ母が来ると言ったから。

»「早く」咲いてほしい。母に会う日を心待ちにしている。

参考 「し」はもとは強意の副助詞で訳はしない。「いつしか」は「いつか」の強調語。

出題頻度 ★

215 とが

［咎・科］名

現代語訳 罪・責任

関連語

気が咎《とが》めるの「咎《とが》」・前科《ぜんか》の「科《とが》」

「とが」は「咎・科」と書きます。「罪・責任」のことです。

「咎」は、〝気が咎める（＝罪悪感に苛《さいな》まれる）〟と今でも言いますね。「科」の字は、〝前科（＝前に犯した罪）〟で残っています。「科」は**読み**も問われます。

例文

悪政による凍えや飢えがある限り、とがの者が絶えるはずがない。

»政治を正さない限り、「罪」人がいなくなることはない。

出題頻度 ★

216 ほだし

［絆］名

現代語訳
束縛・しがらみ

情にほだされるの「ほだし」は束縛感を示す

動詞「ほだす」は今も〝情にほだされる〟と使っています。情愛に縛られ振りほどけないことですね。「ほだし」は「ほだす」の名詞形。だから「束縛・しがらみ」。

例文
この世のほだしを持たぬ出家人《しゅっけびと》でも、俗世《ぞくせ》に少しの未練《みれん》はある。

≫俗世の「しがらみ」。ここは血縁や地位や名誉への執着のこと。

関連語

入試情報　家族は、出家の妨げとなる「ほだし」の一つ。直訳「束縛」に近い選択肢は「執着」。（中央大）

出題頻度 ★

217 かこつ

［託つ］動

現代語訳
不平を言う
愚痴《ぐち》を言う・嘆く

アレが悪いコレが悪いとかこつけて「愚痴る」

「かこつ」は、〝かこつける〟と同語源。アレが悪いコレが悪いとほかのもののせいにすることで、「不平を言う・愚痴を言う・嘆く」と訳します。

例文
前世《ぜんせ》の罪の報いを知らず、観音《かんのん》仏にかこち申し上げる。

≫前世で自分が犯した罪の報いなのに、それに気づかず仏を恨み「愚痴を言う」。

関連語
参 ● かこち顔《がほ》＝恨めしそうな顔

入試情報　頻度は低いが、「かこち顔〈がは〉＝恨めしそうな顔」もまれに出る。

出題頻度 ★

218

なめし

【ー】形

現代語訳 無礼だ・失礼だ

関連語

「なめし」はなめとんかのゴロで「無礼だ」

語源は不明なので、ゴロで暗記。〝**なめとんか**〟の〝なめ〟とイメージを結び、なめとんかと言いたくなるほど相手が「無礼だ」と覚えましょう。

例文

手紙の言葉遣《づか》いのなめき人は、たいへんいやなものである。

≫手紙の言葉遣いの「無礼な」人は気にくわないということ。

出題頻度 ★

219

すまふ

【争ふ】動

現代語訳 抵抗する

関連語

「すまふ」がなまって相撲《すもう》になった!

「すまふ」は「抵抗する」と訳します。「すまふ」がなまって、**相撲**の語が生まれました。相撲は、力士《りきし》と力士が互いに**抵抗し**合う競技。これで覚えられますね。

例文

親に引き裂かれた男と女は、まだ若いのですまふ力がない。

≫親の反対に「抵抗する」。ここは「反抗する」の意訳も可。

出題頻度 ★

220

まねぶ

［真似ぶ・学ぶ］動

現代語訳

①まねをする
②学ぶ
③伝える

関連語

「まねぶ」は「真似ぶ」、音がなまって「学ぶ」

「**まねぶ**」の音、「**真似ぶ**」の字のとおり、「①まねをする」と訳します。

また、**先人のまねをしながら物事を学ぶ**ので、「②学ぶ」の訳もあります。「**まねぶ**」が**なまって**「**まなぶ**」と音で覚えるのも一つの手ですね。

「③伝える」の訳は、人の言葉をそのまま言うこと。Aさんの言葉をまねてBさんに復唱して言うと、伝えたことになるからですね。③は難関大学しか出しません。

例文

鸚鵡《おうむ》は興味深い。人の言う言葉をまねぶそうだ。

≫「まねをする」。鸚鵡は人の口まねをする鳥。

正式な学問は少しもまねび知らぬので、質問のしようもない。

≫〝学問〟をヒントに「学ぶ」。知らないことは質問できない。

入試情報 早稲田大は現古融合問題で「③伝える」を出題。共通テストは「（読者に）伝える」を選択肢で「表現する」と意訳。いずれも文脈をヒントに判断する。（早稲田大・共通テスト）

出題頻度 ★

221

おぼえ

［覚え］ 名

現代語訳

① 評判
② 寵愛《ちょうあい》

関連語

同① ●きこえ［聞こえ］＝評判・噂《うわさ》
●おと［音］＝①音 ②評判・噂 ③音沙汰・連絡

参 ●ときめかす＝寵愛する
●ときのひと［時の人］＝時流に乗って栄える人
24 ときめく＝寵愛を受ける
167 きこゆ＝①［一般動詞］聞こえる ②［一般動詞］評判になる ③［謙譲語］申し上げる

世間が覚えて「評判」、権力者が覚えて「寵愛」

「①評判」は**世間の人が覚える**という発想です。同意語は「聞こえ」「音」（『マドンナ古文常識』1参照）。一般動詞の「**167**きこゆ」にも「評判になる」の訳があります。

「②寵愛」は**権力者が覚えてくれる**という発想です。昔の男性の**出世**は権力者に重用《ちょうよう》されることが必須条件。また、女性も権力者の愛を得ると**一族の繁栄**が約束されます。

②の関連の動詞に「**24**ときめく＝寵愛を受ける」「ときめかす＝寵愛する」があります。また、寵愛を受けた人を「時の人」とも言います（『マドンナ古文常識』68参照）。

例文

この歌を作ってから、彼女の歌人としての**おぼえ**が出てきた。

≫この歌をきっかけに、歌人としての「評判」が世に出てきた。

帝《みかど》の右大臣への御**おぼえ**は格別で、左大臣は不快に思われた。

≫「寵愛」。「重用・信任」も可。帝の右大臣びいきが左大臣には不快。

出題頻度 ★

222

こはし

【強し】形

現代語訳 強い

おこわの**こわ**、**ゴワ**ゴワの**ごわ**と同語源

「強し《こは》」の字のとおり「強い」の意味。赤飯《せきはん》を〝お**こわ**〟と言うのは粘りの強い米だから。

また、強くて固い感触を〝**ゴワゴワ**する〟と言いますが、これも同語源。

例文

修験者《しゅげんじゃ》が一心に祈るけれど、物《もの》の怪《け》はこはくて立ち去らない。

≫物の怪が「強い」。修験者は物の怪退治《たいじ》のプロだから〝怖い〟はおかしい。

関連語

参考　平安・中世には“怖い”の用法はない。うっかり取り違えないように注意！

出題頻度 ★

223

うべ・むべ

【宜】副

現代語訳 なるほど

ウム、そうだべ…と納得して「なるほど」

「うべ・むべ」は「なるほど」と訳します。**心から納得したときの表現**です。語源は複雑で

暗記の助けになりません。〝**ウム、そうだべ**〟のゴロで「なるほど」と暗記！

例文

吹くと草木を荒らしてしまうので、むべ山風を嵐と言うのだろう。

≫草木を〝荒らし〟てしまうので、「なるほど」〝嵐〟と言うのだ。

関連語

出題頻度 ★

224

をさをさし

[長長し] 形

現代語訳

大人びている
しっかりしている

「長長《をさをさ》し」は成長した様子で「大人びている」

「をさをさし」は「長長し」。〝成長〟〝一家の長〟などの「長」の字ですから、「大人びている・しっかりしている」と訳します。

同意語には「23おとなし」があります。紛らわしい語は「17をさをさ～打消＝ほとんど～ない」。混同しないように注意。

例文

女は若いので、手紙もをさをさしからず、言葉遣《づか》いも知らない。

≫手紙も「しっかりして」いない。きちんと書けないということ。

関連語

同 23 おとなし＝大人らしい・分別がある
大人びている・大人っぽい

参 17 をさをさ～打消＝ほとんど～ない

出題頻度 ★★

225

まさなし

[正無し] 形

現代語訳

よくない

「正無《まさな》し」の漢字を当てて「よくない」

〝正《まさ》に〟の〝正〟。「正無し」で「よくない」と訳します。漢字を当てて暗記しましょう。

例文

あまりたびたび会って満足しすぎるのはまさなきことだ。

≫会いすぎるのは「よくない」。デートも腹八分目(!?)がいい。

関連語

同 144 わろし＝よくない

出題頻度 ★

226 けやけし ［異やけし］形

現代語訳
目立つ・際《きわ》立つ
はっきりしている

関連語

プラス・マイナス両面で、ほかと異なり「目立つ」

「異やけし」の字を当てて、**ほかと異なり目立つ**の原義を覚えましょう。**よい意味**でも**悪い意味**でも使われ、「目立つ・際立つ・はっきりしている」と訳します。

例文

人に頼まれるとけやけく拒否できず、気弱に引き受けてしまう。

»「はっきりと」拒否できなくて、つい引き受けてしまうのだ。

出題頻度 ★

227 いぎたなし ［寝汚し］形

現代語訳
寝坊である・眠り込む

関連語
参
● いをぬ［寝を寝］＝寝る
● いもぬ［寝も寝］＝寝る
● いはぬ［寝は寝］＝寝る

「寝《い》汚《ぎたな》し」はぐっすりと眠りこけた状態

「寝汚し」と書いて「いぎたなし」。「寝坊である・眠り込む」と訳します。**眠りこけた姿は見た目に汚い**からですね。漢字を当てて覚えましょう。

例文

寝たふりをしているのに、そばの者がいぎたなしと揺り起こす。

»たぬき寝入りなのに、「眠り込んでいる」と勘違いして起こすのだ。

参考　「寝」を「い」と読む語には、「いをぬ［寝を寝］」「いもぬ［寝も寝］」「いはぬ［寝は寝］」なども。

出題頻度
★★

228

よし

[由] 名

現代語訳

① 理由
② 由緒《ゆいしょ》
③ 方法
④ 趣《おもむき》・風情《ふぜい》
⑤ 趣旨《しゅし》・〜ということ

関連語

反 ● よしなし[由無し]＝①理由がない ②くだらない ③方法がない

参 146 よし[良し・善し]＝よい

「理由⇩方法」「由緒⇩趣」の手順。「趣旨」は今も使う

「由」と書いて「よし」。**訳に「由」の字を含む**「①理由」「②由緒」は覚えられます。

理由がわかれば**方法**も見つかりますから、「③方法」の訳もあります。

由緒あるものには血筋や伝統に裏づけられた**気品や風格**がありますから、「④趣・風情」の訳もあります。

「⑤趣旨・〜ということ」の意味は、今でも堅い手紙文には〝〜との由、承知しました〟などと使っていますね。

例文

出ていく男を引き止めようとするが、止めるによしなし。

≫引き止める「方法」がない。「よしなし」で一語と考えてもよい。

神社というものは建物も木立《こだち》もよしある様子で神々《こうごう》しい。

≫建物や木立に「風情」がある。伝統ある落ちつきを感じるのだ。

手紙を出したが、読まないよしのみ返事があった。

≫読まない「ということ」だけを返事としたのである。

参考　反意語は「よしなし[由無し]」。"よくない"と訳してはダメ！「①理由がない」「②くだらない」「③方法がない」。②は"由緒がない・趣がない"が原義。

出題頻度 ★

229

かまへて

［構へて］副

現代語訳

①注意して・心して
②［肯定］必ず
③［否定］決して〜ない

関連語

同③
116 さらに〜打消＝まったく〜ない
よに〜打消＝まったく〜ない
よも〜打消＝まったく〜ない
つゆ〜打消＝まったく〜ない
ゆめ〜打消＝まったく〜ない
ゆめゆめ〜打消＝まったく〜ない
●つやつや〜打消＝まったく〜ない
●たえて［絶えて］〜打消
＝まったく〜ない
●すべて〜打消＝まったく〜ない

身構《みがま》えて行動する100パーセントの注意力！

「かまへて」は「構へて」。身構えて行動するというのが原義で、それほど「①注意して・心して」と訳します。

また、100パーセントの注意力という発想から、意志を伴う肯定文では絶対にやり遂《と》げるという意味で「②必ず」と訳し、禁止を伴う否定文では絶対にしないという意味で「③決して〜ない」と訳します。

例文

かまへて推薦者《すいせん》としての私の面目《めんぼく》が立つようなよい歌を詠《よ》めよ。

≫推薦者の顔をつぶさぬよう、「注意して・心して」よい歌を詠みなさい。

明日の月見の宵《よい》には、かまへて来ていただきたい。

≫「必ず」の訳。月見会は〝注意して〟来るべきものではない。

宮仕《みやづか》えをする者は、かまへて主君の御心に逆らうな。

≫禁止は否定文の一種。「決して」主君のお気持ちに逆らうな。

入試情報 「かまへて〜打消」は呼応（陳述）の副詞として文法問題にも出る。詳しくは、182〜183ページ参照。

出題頻度 ★★

230

はかなし

[I] 形

現代語訳

むなしい・頼りない

＊場面に応じた意訳は文脈で考える。
＊慣用句　はかなくなる＝死ぬ

関連語

同 **76 いたづらなり**＝①むだだ　②むなしい
＊慣用句　いたづらになる＝死ぬ

「むなしい」のは、内容・体力・命・仲…etc.

「はかなし」の「はか」は、〝はかどる〟と同じ語源で、着実性を意味します。「はか無し」全体で**着実性のない**こと。「むなしい・頼りない」などと訳します。

この単語は幅広く使われるので、さまざまな意訳があります。むなしい内容は「つまらない・取るに足りない」。むなしい体力は「弱々しい・病弱だ」。むなしい命・人生は「短い」。むなしい人間関係は「今にも絶えそうだ・不安定だ」などなど。いちいち暗記したらキリがありません。**文脈に応じた適訳**を考え出してください。

なお、慣用句「**はかなくなる＝死ぬ**」は暗記しましょう。「いたづらになる」（91ページ参照）と同意表現です。

例文

恋しい女をそばにおいて、はかなき言葉など言わせて聞きたい。

≫恋人の「ささいな・ちょっとした」（意訳）言葉も聞いていたい。

同じ年、乳母《めのと》に続いて姫君もはかなくなりました。

≫「はかなくなる」は慣用句。「死ぬ」の意味。

さくいん

さくいん

	古文単語	番号	漢字	品詞	現代語訳	ページ
な	なまめく		生めく	動	優雅だ・優美だ	70
	なみ		掛詞		→波・無み(=ないので)	184
	なめし	218	−	形	無礼だ・失礼だ	226
	なやまし		悩まし	形	気分がすぐれない・病気のようだ	204
	なやみ		悩み	名	①悩み　②病気	204
	なやむ	189	悩む	動	①悩む　②病気になる	38、204
	なんでふ	136	何といふの約	連体・副	①なんという　②どうして	156
に	にはかなり		俄なり	形動	急だ	40
	にほひ	96	匂ひ・丹ほひ	名	①美しい色 ②気品・威光	112
	にほふ		匂ふ	動	①色美しい　②香る ③気品がある・威厳がある	112
ね	ねむごろなり	69	懇ろなり	形動	①熱心だ・丁寧だ ②親しくする	84
	ねんず	58	念ず	動	①祈る　②我慢する	72、103
の	ののしる	41	−	動	①大騒ぎする ②評判になる	55
は	はかなし	230	−	形	むなしい・頼りない	91、99、234
	はかばかし	48	−	形	きちんとしている	62
	未然形+ばこそあらめ、	170	−	連語	〜ならともかく	190
	はしたなし	198	端なし	形	①中途半端だ ②体裁が悪い・みっともない	212
	はた	192	将	副	また	206
	〜はつ	186	果つ	動	〜し終わる・すっかり〜する	202、211
	はづかし	62	恥づかし	形	①恥ずかしい ②立派だ・優れている	76
	はづかしげなり		恥づかしげなり	形動	①恥ずかしそうだ ②立派な様子だ	76
	はばかり		憚り	名	遠慮	199
	はばかる	182	憚る	動	遠慮する・気にする	199
ひ	ひがおぼえ		僻覚え	名	記憶違い	23
	ひがごころ		僻心	名	①ねじけ心　②考え違い・誤解	23
	ひがこと	10	僻事	名	間違い	23
	ひがごと	10	僻事	名	間違い	23
	ひがひがし		僻僻し	形	間違いだ	23
	ひがみみ		僻耳	名	聞き違い	23
	ひごろ		日ごろ	名	数日	32
	ひたぶるなり		−	形動	ひたすらだ・一途だ	219

さくいん

	古文単語	番号	漢字	品詞	現代語訳	ページ
す	すずろなり	99	漫ろなり	形動	①なんとなく　②不意に ③むやみに・やたらと ④無関係だ・つまらない	117
	ずちなし	122	術無し	形	どうしようもない	86、144
	すなはち	176	即ち	副	すぐに	195
	すなはち		則ち	接続	つまり	195
	すべて～打消		全て	副	まったく～ない	136、233
	すべなし	122	術無し	形	どうしようもない	86、144
	すまふ	219	争ふ	動	抵抗する	226
せ	せうそこ	75	消息	名	①連絡・手紙　②挨拶・訪問	90、123、192
	せちなり	207	切なり	形動	切実だ・一途だ	219
	せめて	65	攻めて・迫めて・責めて	副	強引に・無理に	79
そ	そこばく	137	–	副	たくさん	33、157
	そこら		–	副	たくさん	33、157
	そでをしぼる		袖を絞る	連語	泣く	34
	そらごと	9	空言・虚言	名	嘘	22
	そらしはぶき		空咳	名	空咳	22
	そらなみだ		空涙	名	嘘泣き	22
	そらなり		空なり	形動	うわのそらだ	22
	そらに		空に 「そらなり」の連用形	形動	暗記して・そらんじて	22
	そらね		空寝	名	たぬき寝入り	22
	そらね		空音	名	鳴きまね	22
た	たえて～打消		絶えて	副	まったく～ない	136、233
	たがふ	111	違ふ	動	違う	130
	たぐひ	180	類	名	種類・例	198、198
	ためし		例	名	種類・例・たとえ	198
	たより	105	手寄り・便り・頼り	名	①手段　②ついで・機会　③縁故	90、98、123
ち	ちぎり	104	契り	名	①約束 ②親しい仲・(男女の)深い仲 ③宿命	122
	ちぎる		契る	動	①約束する　②親しい仲になる	122
つ	ついで	83	序・次いで	名	①順序　②機会	98、123
	つきごろ		月ごろ	名	数か月	32
	つきづきし	131	付き付きし	形	ふさわしい・似つかわしい	154
	つきなし		付き無し	形	ふさわしくない・不似合いだ	154
	つごもり	33	晦日	名	月末	46、47
	つとめて	78	–	名	①早朝　②翌朝	93

さくいん

さくいん

古文単語	番号	漢字	品詞	現代語訳	ページ
お					
おぼつかなし	100	朧摑無し・覚束無し	形	①はっきりしない ②不安だ・気がかりだ ③待ち遠しい	118、119
おもしろし	98	面白し	形	①興味がある・興味深い ②趣深い・風流だ ③おもしろい・滑稽だ	114、116
おろかなり	14	疎かなり	形動	いいかげんだ・不十分だ	27、50
か					
かかり	159	斯かり	動	こうである・こうだ	171
かかれど(も)		かくあれど(も)の約	接続	こうだけれど	173
かかれば		かくあればの約	接続	①／　②こうだから	172
かきくらす	21	搔き暗す	動	悲しみにくれる	34
かく	156	斯く	副	こう・これ・このように	169、171
かげ	2	影	名	光	15
かこちがほ		託ち顔	名	恨めしそうな顔	225
かこつ	217	託つ	動	不平を言う・愚痴を言う・嘆く	225
かしがまし	123	囂し	形	やかましい	29、146
かしこし	54	畏し	形	畏れ多い	68、126、132
かしづく	81	頭付く・傅く	動	①大切に世話する　②大切に育てる	96
かしまし	123	囂し	形	やかましい	29、146
かしらおろす	117	頭下ろす	名＋動	出家する	138、222
かたし	115	難し	形	難しい・できない	54、134
～かたなし	122	方無し	連語	(～しても)どうしようもない	86、144
かたはら		傍ら	名	そば	45、88
かたはらいたし	73	傍ら痛し	形	①はらはらする・見苦しい ②恥ずかしい・気づまりだ	88
かたほなり	154	片秀なり	形動	不完全だ	165、165
かたへ	32	片方	名	そば・そばの人	45
かたみに	211	片身に・互に	副	互いに・代わる代わる	221
かち	36	徒・徒歩	名	徒歩	48、49
かづく	82	肩付く・被く	動	①褒美を与える　②褒美をいただく	97
かづく		潜く	動	潜る	97
かな		仮名	名	ひらがな	192
かなし	61	①愛し ②悲し	形	①愛しい ②悲しい	75
かなしうす		愛しうす	動	愛しく思う	75
～かぬ	114	－	接尾	～できない	134
～かひなし	122	甲斐無し	連語	(～しても)どうしようもない	86、144
かまし	123	囂し	形	やかましい	29、146
かまびすし	123	囂し	形	やかましい	29、146

さくいん

索引 （暗記チェック式）

- 索引として、また暗記のチェックリストとして使えます。
- 索引は旧かな読みの50音順です。
- 単語の末尾の番号は、本書の見出し語の通し番号です。
（番号のないものは、関連語として取り上げた語です）
- 漢字表記は、語源や当て字です。なお、[－]は該当する漢字がないということです。
- ページ表記は、見出し語として取り上げたページを色字、関連語として取り上げたページを黒字で表記しています。
- 掛詞は、漢字・品詞欄に 掛詞 と表記しています。

あ

シリーズを一緒に使えばもっと効果的!

荻野文子先生の大ベストセラー参考書

マドンナ古文単語 230 れんしゅう帖

パワーアップ版

書きこみながら重要単語が定着 & 読解力アップ。古文学習の総仕上げに役立つ実戦ワーク！

古文完全攻略 マドンナ入試解法

入試問題には落とし穴がいっぱい。ムダなく文脈をつかむ入試古文の解法を、この１冊でマスター。

和歌の修辞法

和歌の出題は、急上昇中！共通テストでも要注意の和歌の修辞法をマスターすれば、合格に大きく近づく！

※店頭にない場合は電子版もございます。

合格のために必要な文法力がみるみる身につく！

マドンナ古文

パーフェクト版

- 入試古文は全訳しない！　時間をかけずに訳せるところをつないで拾い読みするピックアップ方式。実戦で使える「読むための文法」を身につける。
- 横書き & オールカラーで、文法書なのにすらすら読める！
- 別冊「識別・訳し分け・敬意の方向早わかりチャート」つきで、入試直前も役に立つ。

STAFF

● イラスト
瀬川尚志（本文・カード）
水野　玲（イラスト原案）
春原弥生（キャラクター）

● カバーデザイン
齋藤友希（トリスケッチ部）

● 協力
兼井信史
貝原弘二

● 編集協力
高木直子
野口光伸
黒川悠輔

● ＤＴＰ
株式会社四国写研

● 参考文献
日本国語大辞典（小学館）

222

[強し] 形

強い

223

[宣] 副

なるほど

224

[長長し] 形

大人びている
しっかりしている

225

[正無し] 形

よくない

226

[異やけし] 形

目立つ・際《きわ》立つ
はっきりしている

227

[寝汚し] 形

寝坊である
眠り込む

228

[由] 名

①理由
②由緒《ゆいしょ》
③方法
④趣《おもむき》・風情《ふぜい》
⑤趣旨《しゅし》・〜ということ

229

[構へて] 副

①注意して・心して
②[肯定]必ず
③[否定]決して〜ない

230

[―] 形

むなしい・頼りない

＊場面に応じた意訳は文脈で考える。
＊慣用句　はかなくなる＝死ぬ

こはし

222 難関語 ★

うべ むべ

223 難関語 ★

をさをさし

224 難関語 ★

まさなし

225 難関語 ★★

けやけし

226 難関語 ★

いぎたなし

227 難関語 ★

よし 名

228 難関語 ★★

かまへて

229 難関語 ★

はかなし

230 難関語 ★★

［一］形

無礼だ・失礼だ

218

［争ふ］動

抵抗する

219

［真似ぶ・学ぶ］動

①まねをする
②学ぶ
③伝える

220

［覚え］名

①評判
②寵愛《ちょうあい》

221

なめし

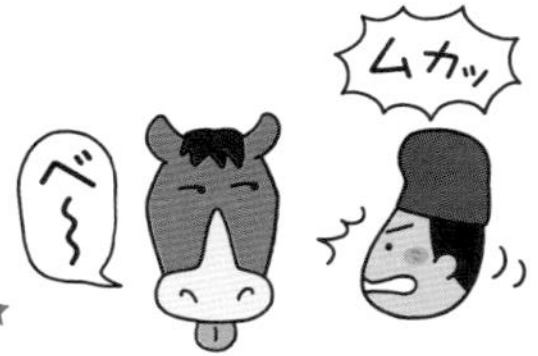

218 難関語 ★

すまふ

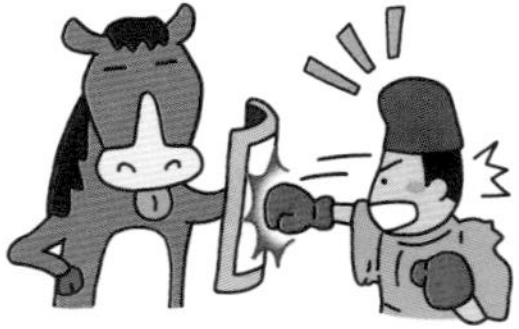

219 難関語 ★

まねぶ

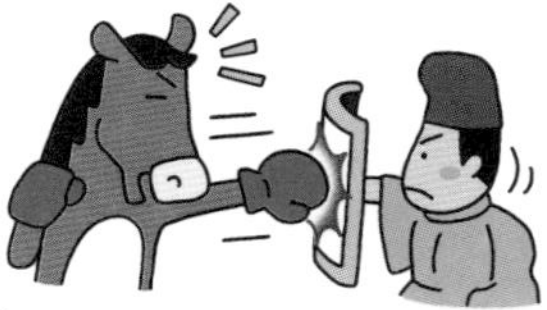

220 難関語 ★

おぼえ

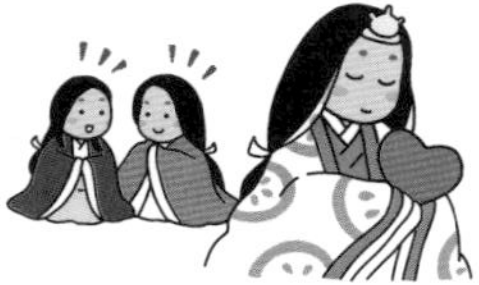

221 難関語 ★

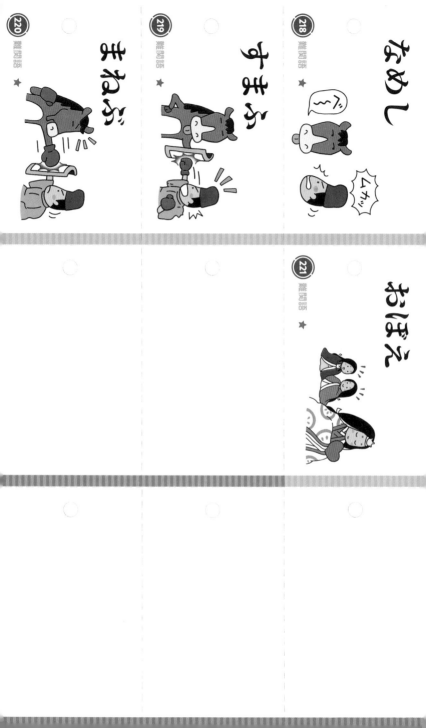

209

[連無し] 形

①無関係だ
②冷淡だ

210

[艶] 名·形動

①優雅だ・優美だ
②色っぽい

211

[片身に・互に] 副

互いに・代《か》わる代《が》わる

212

[窶す] 動 [窶る] 動

①地味な姿に変える
②出家《しゅっけ》する

213

[名に負ふ] 名+格助+動
[名にし負ふ] 名+格助+副助+動

その名を持つ
*「その名で知られている」「有名だ」の意訳もある。

214

[何時しか] 副

早く

215

[咎・科] 名

罪・責任

216

[絆] 名

束縛・しがらみ

217

[託つ] 動

不平を言う
愚痴《ぐち》を言う
嘆く

つれなし

209 難関語 ★★

えん(なり)

210 難関語 ★★

かたみに

211 難関語 ★★

やつす
やつる

212 難関語 ★★

なにおふ
なにしおふ

213 難関語 ★★

いつしか

214 難関語 ★★

とが

215 難関語 ★

ほだし

216 難関語 ★

かこつ

217 難関語 ★

200
[柔ら] 副

そっと・静かに

201
[用意] 名

①用心
②配慮・心遣《づか》い

202
[後る] 動

後《あと》に残る
取り残される

203
[離る] 動

離れる

204
[斜めなり] 形動

①いいかげんだ・平凡だ
②格別だ・すばらしい

205
[徒なり] 形動

①むだだ
②はかない
③浮気だ

206
[障る] 動

差し支《つか》える
じゃまになる

207
[切なり] 形動

切実だ・一途《いちず》だ
＊連用形「せちに」の用例が多い。

208
[掟つ] 動

決める
＊死の場面は「遺言《ゆいごん》する」の意訳もある。

やをら

200 難関語 ★★

ようい

201 難関語 ★★

おくる

202 難関語 ★★

かる

203 難関語 ★★

なのめなり

204 難関語 ★★

あだなり

205 難関語 ★★

さはる

206 難関語 ★★

せちなり

207 難関語 ★★

おきつ

208 難関語 ★★

[将] 副

また

192

[心遣る] 動

気を晴らす

＊「心を遣る」も同じ。

193

[心行く] 動

満足する・気がすむ

194

[性無し] 形

意地が悪い

195

[更なり] 形動

言うまでもない
もちろん

＊慣用句
いふもさらなり
いへばさらなり
さらにもいはず
＝言うまでもない

196

[論無し] 形

言うまでもない
もちろん

196

[止す] 接尾

〜するのを
途中でやめる

197

[端なし] 形

①中途半端だ
②体《てい》裁《さい》が悪い
みっともない

198

[—] 動

〜になる・〜が来る

＊「〜」の部分は時・季節を示す語。

199

はた

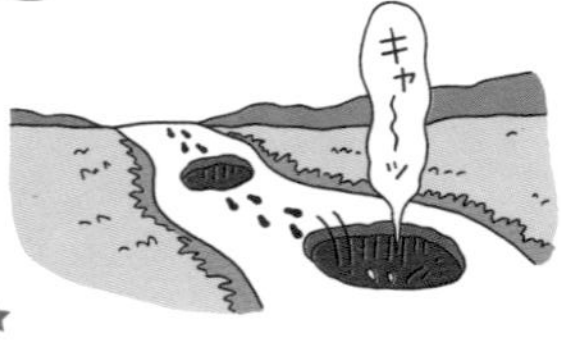

192 基本語 ★

こころやる

193 難関語 ★★

こころゆく

194 難関語 ★★

さがなし

195 難関語 ★★

さらなり

196 難関語 ★★

ろんなし

196 難関語 ★★

〜さす

197 難関語 ★★

はしたなし

198 難関語 ★★

〜さる

199 難関語 ★★

[居る] 動

座る・座っている

184

[遣る] 動

遠く～する

＊「思ひやる＝想像する」は間違えやすいので注意。

185

[果つ] 動

～し終わる
すっかり～する

186

[現] 名

現実

187

[我か] 連語

茫《ぼう》然《ぜん》とする

＊「われかひとか」も同じ意味。

188

[悩む] 動

①悩む
②病気になる

189

[①煩ふ　②患ふ] 動

①悩む
②病気になる

189

[著し] 形

顕著だ
はっきり現れている

190

[宗・主] 名

中心

191

ゐる

184 基本語 ★★

～やる

185 基本語 ★★

～はつ

186 基本語 ★★

うつつ

187 基本語 ★★

われか

188 基本語 ★

なやむ

189 基本語 ★

わづらふ

189 基本語 ★

しるし 形

190 基本語 ★

むね

191 基本語 ★★

175
[ー] 形
突然だ・思いがけない

176
[即ち] 副
すぐに

177
[並べて] 副
一般に・総じて

178
[大方] 副
①だいたい・一般に
②そもそも
＊②は話の切り出しに使う。

179
[自ら] 副
①自然と
②偶然・たまたま
③万一・ひょっとして
＊③は仮定文に多い。

180
[類] 名
種類・例

181
[例] 名
いつも

182
[憚る] 動
遠慮する・気にする

183
[惑ふ] 動
慌《あわ》てる
心乱れる
困惑する

ゆくりなし

175 基本語 ★★

すなはち

176 基本語 ★★

なべて

177 基本語 ★★

おほかた

178 基本語 ★★

おのづから

179 基本語 ★★

たぐひ

180 基本語 ★★

れい

181 基本語 ★

はばかる

182 基本語 ★★

まどふ

183 基本語 ★★

166

[一] 格助＋接尾

名が形ので

＊「を」が省略されても訳は同じ。
＊和歌特有の表現。

167

[聞こゆ] 動

①聞こえる 〔一般動詞〕
②評判になる 〔一般動詞〕
③申し上げる 〔謙譲語〕

168

[一] 感　[一] 感

ああ

169

[にこそあるなれの約] 連語

～であるらしい
～だそうだ
～だということだ

170

[一] 連語

～ならともかく

＊「こそあらめ、」の形で使われることもある。

171

[文] 名

①手紙　②書物
③学問　④漢詩

172

[遣す] 動

よこす

173

[答ふ・応ふ] 動

答える・返事をする

174

[未し] 形

①まだ早い
②未熟だ

名(を)形の語幹み

166 多角語 ★★★

きこゆ

167 多角語 ★★★

あな
あはれ

168 多角語 ★★

〜ごさんなれ。

169 多角語 ★

未然形+
ばこそあらめ、

170 多角語 ★

ふみ

171 基本語 ★★

おこす

172 基本語 ★★

いらふ

173 基本語 ★★

まだし

174 基本語 ★★

[—] 副

ああ・あれ・あのように

157

[然り] 動　[然り] 動

そうである・そうだ

＊さる・しかる(連体形)＝そのような

158

[斯かり] 動

こうである・こうだ

＊かかる(連体形)＝このような

159

[—] 副＋動

ああである・ああだ

＊「とありかかり」「ともあれかくもあれ」
　などのペアの形が多い。

160

[然るべき] 連体　[然るべき] 連体

①ふさわしい
②立派な・身分の高い
③そういう運命の

161

[然るものにて] 連語

①それはそれとして
　それはともかく
②言うまでもなく
　もちろん

162

[然ながら] [然しながら] 副・接続

①そのまま
②全部
③まるで
④結局・要するに
〔副詞〕
⑤しかし　〔接続詞〕

163

[如何で] 副

①[疑問]どうして～か
②[反語]どうして～か、
　いや～ない
③[強調]なんとかして

164

[—] 副＋終助

～しないでほしい
～してはいけない

165

と

157 多角語 ★

さり
しかり

158 多角語 ★★

かかり

159 多角語 ★★

とあり

160 多角語 ★

さるべき
しかるべき

161 多角語 ★★★

さるものにて

162 多角語 ★

さながら
しかしながら

163 多角語 ★★★

いかで(か)

164 多角語 ★★★★

な〜そ

165 多角語 ★★★

148

[行く末] 名

将来・これから

149

[終日] 副

一日中・終日

150

[夜(も)すがら] 副

一晩中・夜通し

151

[後ろ目痛しの約] 形

不安だ・気がかりだ

152

[後ろ安し] 形

安心だ

153

[真秀なり] 形動

完全だ

154

[片秀なり] 形動

不完全だ

155

[然] 副 [然] 副

そう・それ・そのように

156

[斯く] 副

こう・これ・このように

ゆくする

148 対義語・反意語 ★

ひねもす

149 対義語・反意語 ★

よ(も)すがら

150 対義語・反意語 ★★

うしろめたし

151 対義語・反意語 ★★★

うしろやすし

152 対義語・反意語 ★★

まほなり

153 対義語・反意語 ★

かたほなり

154 対義語・反意語 ★★

さ
しか

155 多角語 ★★

かく

156 多角語 ★★

139
[ー]名
①計画
②概略

140
[ー]形
理想的だ

141
[甚し]形 [ー]副
たいへん・はなはだしい

142
[いといとの約]副
ますます

143
[悪し]形
悪い

144
[悪し]形
よくない

145
[宜し]形
悪くない

146
[良し・善し]形
よい

147
[来し方]名
過去・これまで

あらまし

139 類似語 ★★

あらまほし

140 類似語 ★★

いたし
いと

141 類似語 ★★

いとど

142 類似語 ★★

あし

143 対義語・反意語 ★★

わろし

144 対義語・反意語 ★★

よろし

145 対義語・反意語 ★★

よし 形

146 対義語・反意語 ★

きしかた
こしかた

147 対義語・反意語 ★★

[①去らぬ ②避らぬ ③さ(あ)らぬ] 連体

①立ち去らない
②避けられない
＊慣用句　さらぬ別れ＝死別
③別の・違う

130

[付き付きし] 形

ふさわしい
似つかわしい

131

[心付き無し] 形

いやだ
気に入らない

132

[ー] 感

さあ
＊否定・疑念・ためらい(？)を示す。

133

[ー] 感

さあ
＊決意・鼓舞・勧誘(！)を示す。

134

[何ぞの約] 副 [何との約] 副

どうして
＊疑問か反語かは文脈判断。

135

[何といふの約] 連体・副

①なんという
②どうして
＊疑問か反語かは文脈判断。

136

[ー] 副

たくさん

137

[幾ばく] 副

どれほど

138

さらぬ

130 類似語 ★★★

つきづきし

131 類似語 ★★

こころづきなし

132 類似語 ★★

いさ

133 類似語 ★★

いざ

134 類似語 ★★

なぞ
など

135 類似語 ★★

なんでふ
なでふ

136 類似語 ★★

そこばく

137 類似語 ★

いくばく

138 類似語 ★★

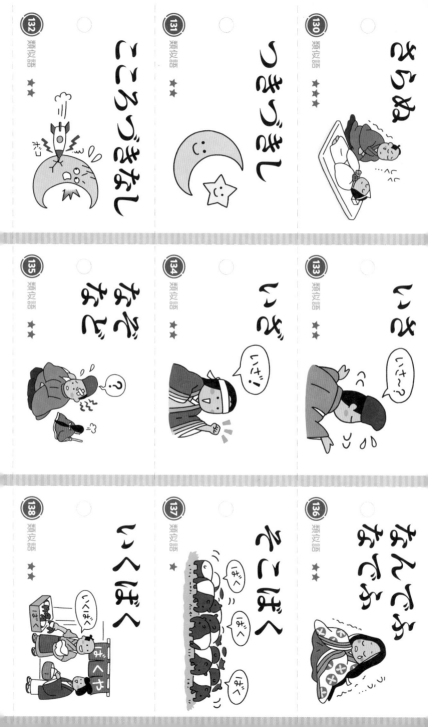

[術無し] 形 [術無し] 形

どうしようもない

122

[方無し] 連語 [甲斐無し] 連語

(～しても)
どうしようもない

122

[囂し ❶❷❸❹] 形

やかましい

123

[乱がはし] 形

①乱雑だ
②やかましい

124

[賢しら] 名 [小賢し] 形
[賢し立つ] 動

利口ぶる(こと)

125

[何処] 代名

どこ

126

[―] 連体

昔(の)・過去(の)

127

[―] 連体

先ほど(の)

128

[―] 連体

別の・違う

129

ずちなし
すべなし

122 同意語 ★★

〜かたなし
〜かひなし

122 同意語 ★★

かまし 1
かしまし 2
かしがまし 3
かまびすし 4

123 同意語 ★★

らうがはし

124 同意語 ★★

さかしら
こざかし
さかしだつ

125 同意語 ★★

いづこ
いづら
いづち

126 同意語 ★

ありし

127 類似語 ★★★

ありつる

128 類似語 ★★★

あらぬ

129 類似語 ★★★

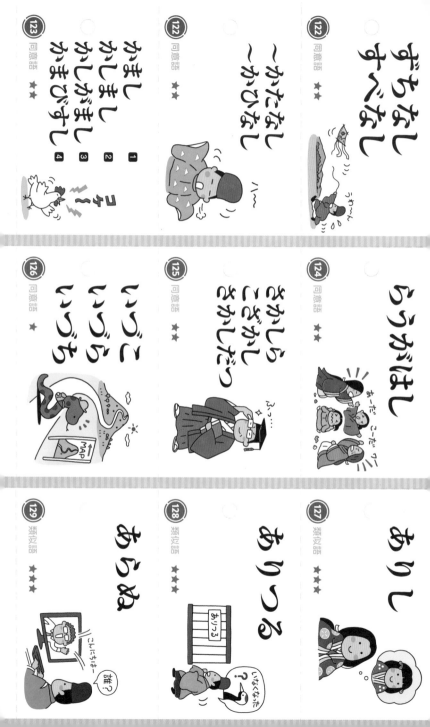

[世を+❶～❺] 名＋格助＋動❶～❺

[捨つ・棄つ❶][遁る❷]

[背く❸][離る❹][厭ふ❺]

出家《しゅっけ》する

＊「受戒《じゅかい》」「剃髪《ていはつ》」「得度《とくど》」の意訳もある。

117

[—] 形

わずらわしい

面倒だ

不愉快だ

119

[労たし] 形

かわいい

＊らうたし➡愛するものへの主観的心情。

120

[御髪下ろす] 名＋動

[頭下ろす] 名＋動

出家《しゅっけ》する

＊「受戒《じゅかい》」「剃髪《ていはつ》」「得度《とくど》」の意訳もある。

117

[—] 形

わずらわしい

面倒だ

不愉快だ

119

[急ぎ] 名

準備

121

[—] 形

幼い

118

[愛し] 形

かわいい

＊うつくし➡形の小ささへの客観的評価。

120

[設け] 名

準備

121

世を
すつ 1
のがる 2
そむく 3
かる 4
いとふ 5

117 同意語 ★★★

みぐしおろす
かしらおろす

117 同意語 ★★★

いとけなし
いときなし
いはけなし

118 同意語 ★★

うるさし

119 同意語 ★★

むつかし

119 同意語 ★★

うつくし

120 同意語 ★★

らうたし

120 同意語 ★★

いそぎ

121 同意語 ★★

まうけ

121 同意語 ★★

[賢し] 形

①しっかりしている

＊何が「しっかりしている」かは文脈判断。

②利口ぶる

113

[―] 接尾

～できない

114

[世に] 副 [世も] 副

まったく～ない

＊全面否定の訳には
・絶対～ない
・決して～ない
・少しも～ない
などがある。

116

[得] 副

～できない

114

[難し] 形

難しい・できない

115

[露] 副

まったく～ない

＊全面否定の訳には
・絶対～ない
・決して～ない
・少しも～ない
などがある。

116

[敢へず] 動+助動

～できない

114

[更に] 副

まったく～ない

＊全面否定の訳には
・絶対～ない
・決して～ない
・少しも～ない
などがある。

116

[―] 副 [―] 副

まったく～ない

＊全面否定の訳には
・絶対～ない
・決して～ない
・少しも～ない
などがある。

116

さかし

113 多義語 ★★

え～ 打消

114 同意語 ★★★

～あへず

114 同意語 ★★★

～かぬ

114 同意語 ★★★

かたし

115 同意語 ★★

さらに～ 打消

116 同意語 ★★★

よに～ 打消
よも～ 打消

116 同意語 ★★★

つゆ～ 打消

116 同意語 ★★★

ゆめ～ 打消
ゆめゆめ～ 打消

116 同意語 ★★★

[契り] 名

①約束
②親しい仲
　(男女の)深い仲
③宿命

104

[手寄り・便り・頼り] 名

①手段
②ついで・機会
③縁故《えんこ》

105

[―] 形動

感慨《かんがい》深い

＊すべての感情の代用語。
　具体的な感情は文脈判断。

106

[忌忌し] 形

①畏《おそ》れ多い
②不吉だ・縁起《えんぎ》が悪い
③たいへんすばらしい
④たいへんひどい

107

[忌み忌みしの約] 形

①たいへん
②たいへん～

＊②は「～」の部分を文脈補足する。

108

[―] 動

①いる・ある
②する

＊代動詞。具体的な動作は文脈判断。

109

[行きたしの約] 形

～したい

＊「～」の部分を文脈補足する。

110

[違ふ] 動

違う

＊意訳は文脈で考える。

111

[渡る] 動

移動する

＊具体的な移動の動作は文脈判断。
＊慣用句　世を渡る＝生きていく

112

ちぎり

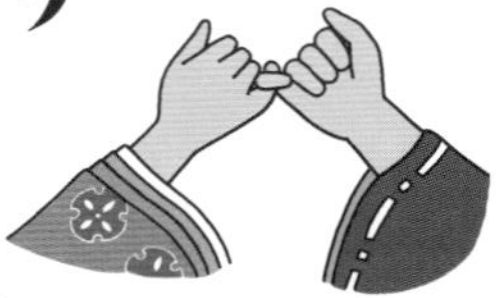

104 多義語 ★★★

たより

105 多義語 ★★★

あはれなり

106 多義語 ★★★★

ゆゆし

107 多義語 ★★★

いみじ

108 多義語 ★★★

ものす

109 多義語 ★★★

ゆかし

110 多義語 ★★★

たがふ

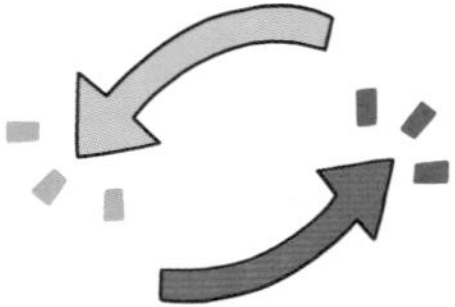

111 多義語 ★★

わたる

112 多義語 ★★

95

[真実なり] 形動

①誠実だ・まじめだ
②実用的だ

96

[匂ひ・丹ほひ] 名

①美しい色
②気品・威光《いこう》

97

[招し] 形

①興味がある・興味深い
②美しい・かわいい
③趣《おもむき》深い・風流だ
④おかしい・滑稽《こっけい》だ

＊④は平安文学には用例が少ない。

98

[面白し] 形

①興味がある・興味深い
②趣《おもむき》深い・風流だ
③おもしろい・滑稽《こっけい》だ

＊③は平安文学には用例が少ない。

99

[漫ろなり] 形動

①なんとなく
②不意《ふい》に
③むやみに・やたらと
④無関係だ・つまらない

100

[朧摑無し・覚束無し] 形

①はっきりしない
②不安だ・気がかりだ
③待ち遠しい

101

[心許無し] 形

①はっきりしない
②不安だ・気がかりだ
③待ち遠しい

102

[世] 名 [世の中] 名

①世間・俗世《ぞくせ》
②男女の仲
③政治

103

[所狭し] 形

①窮屈《きゅうくつ》だ
②大げさだ・仰々《ぎょうぎょう》しい
③威厳がある

まめなり

95 二つの訳の頻出語 ★★★

にほひ

96 二つの訳の頻出語 ★★★

をかし

97 多義語 ★★★★

おもしろし

98 多義語 ★★

すずろなり

99 多義語 ★★

おぼつかなし

100 多義語 ★★★

こころもとなし

101 多義語 ★★★

よ
よのなか

102 多義語 ★★

ところせし

103 多義語 ★★★

[①漸う　②様様] 副 名・形動

①だんだん
②さまざま

86

[具す] 動

①連れて行く
②連れ添う・結婚する

87

[忍ぶ] 動

①我慢する
②人目を避ける

88

[①事甚し　②言甚し] 形

①大げさだ・仰々《ぎょうぎょう》しい
②うるさい
わずらわしい

89

[行ひ] 名

①修行《しゅぎょう》
②勤行《ごんぎょう》

90

[連れ連れ・徒然] 名・形動

①長く続く
②所在《しょざい》ない
手持ち無沙汰《ぶさた》だ
退屈だ

91

[—] 形

①いやだ
②気の毒だ
③愛《いと》しい

92

[①眺む　②詠む] 動

①物思いに耽《ふけ》る
②朗詠《ろうえい》する

93

[中中] 形動・副

①中途半端だ
②むしろ・かえって

94

やうやう

86 二つの訳の頻出語 ★★

ぐす

87 二つの訳の頻出語 ★★

しのぶ

88 二つの訳の頻出語 ★★

こちたし

89 二つの訳の頻出語 ★★

おこなひ

90 二つの訳の頻出語 ★★

つれづれ(なり)

91 二つの訳の頻出語 ★★★★

いとほし

92 二つの訳の頻出語 ★★★

ながむ

93 二つの訳の頻出語 ★★★

なかなか(なり)

94 二つの訳の頻出語 ★★★

[①双無し　②左右無し] 形

①またとない
比《ひ》類《るい》ない
②ためらわない
無《む》造《ぞう》作《さ》だ

77

[—] 名

①早朝
②翌朝
＊“前日の記述”のある場合のみ②の訳。

78

[—] 動

①気がつく
②目が覚《さ》める
③驚く

79

[—] 形

①はなはだしい
②恐ろしい

80

[頭付く・傅く] 動

①大切に世話する
②大切に育てる

81

[肩付く・被く] 動

①褒《ほう》美《び》を与える
②褒美をいただく

82

[序・次いで] 名

①順序
②機会

83

[失す] 動

①消える・いなくなる
②死ぬ

84

[優なり] 形動

①優雅だ
②優《すぐ》れている
③優しい

85

さうなし

77 二つの訳の頻出語 ★★★

つとめて

78 二つの訳の頻出語 ★★★

おどろく

79 二つの訳の頻出語 ★★★

おどろおどろし

80 二つの訳の頻出語 ★★

かしづく

81 二つの訳の頻出語 ★★

かづく

82 二つの訳の頻出語 ★★

ついで

83 二つの訳の頻出語 ★★

うす

84 二つの訳の頻出語 ★★

いうなり

85 二つの訳の頻出語 ★★

[繁し] 形

多い

68

[懇ろなり] 形動

①熱心だ・丁寧だ
②親しくする

＊「ねんごろ」の表記もある。

69

[①怪し　②賤し] 形

①不思議だ・奇妙だ
②身分が低い
　みすぼらしい
　田舎《いなか》くさい

70

[理無し] 形

①筋が通らない
　無理だ
②どうしようもない
　しかたがない

71

[便無し] 形 [不便なり] 形動

①不都合《ふつごう》だ
②気の毒だ

72

[傍ら痛し] 形

①はらはらする
　見苦しい
②恥ずかしい
　気づまりだ

73

[—] 副

①そのまま
②すぐに

74

[消息] 名

①連絡・手紙
②挨拶《あいさつ》・訪問

75

[徒らなり] 形動

①むだだ
②むなしい

＊慣用句　いたづらになる＝死ぬ

76

しげし

68 空欄の定番語 ★★

ねむごろなり

69 二つの訳の頻出語 ★★★

あやし

70 二つの訳の頻出語 ★★★

わりなし

71 二つの訳の頻出語 ★★★

びんなし
ふびんなり

72 二つの訳の頻出語 ★★★

かたはらいたし

73 二つの訳の頻出語 ★★★

やがて

74 二つの訳の頻出語 ★★★

せうそこ

75 二つの訳の頻出語 ★★★

いたづらなり

76 二つの訳の頻出語 ★★★

[攻めて・迫めて・責めて] 副

強引に・無理に

65

[事事し] 形

大げさだ・仰々《ぎょうぎょう》しい

63

[疾し] 形

早い

＊連用形「とく＝早く」の用例が多い。

60

[麗し] 形

きちんと整って美しい

66

[懐かし] 形

親しみを感じる

64

[①愛し　②悲し] 形

①愛《いと》しい
②悲しい

61

[目安し] 形

見た目がよい
見た感じがよい

67

[強ちなり] 形動

強引に・無理に

65

[恥づかし] 形

①恥ずかしい
②立派だ・優《すぐ》れている

62

とし

60 空欄の定番語 ★★

かなし

61 空欄の定番語 ★★

はづかし

62 空欄の定番語 ★★

ことごとし

63 空欄の定番語 ★★

なつかし

64 空欄の定番語 ★★

あながちなり

65 空欄の定番語 ★★

せめて

65 空欄の定番語 ★★

うるはし

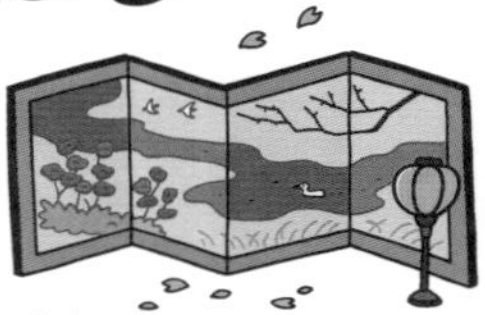

66 空欄の定番語 ★★

めやすし

67 空欄の定番語 ★★

[心憎し] 形

奥ゆかしい

57

[畏し] 形

畏《おそ》れ多い

54

[—] 副

いやだ

51

[念ず] 動

①祈る
②我慢する

58

[口惜し] 形

残念だ

55

[凄し] 形

ぞっとする

52

[好き好きし] 形

①風流好《ふうりゅうごの》みである
②恋愛好きである

59

[生めかし] 形

優雅だ・優美だ

56

[凄じ] 形

ぞっとする

53

うたて

51 空欄の定番語 ★★

すごし

52 空欄の定番語 ★★

すさまじ

53 空欄の定番語 ★★

かしこし

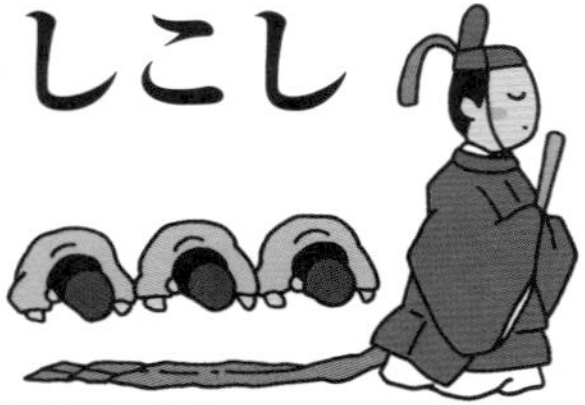

54 空欄の定番語 ★★

くちをし

55 空欄の定番語 ★★

なまめかし

56 空欄の定番語 ★★

こころにくし

57 空欄の定番語 ★★

ねんず

58 空欄の定番語 ★★

すきずきし

59 空欄の定番語 ★★

[愛づ] 動

ほめる・感動する

42

[愛で甚し] 形

すばらしい

43

[猶・直] 副

①やはり
②もっと

44

[—] 副

そうは言ってもやはり

45

[我非《わび》の動詞化] 動

つらい・困る

46

[我非《わび》の形容詞化] 形

つらい・困る

47

[—] 形

きちんとしている

＊意訳は文脈で考える。

48

[惜し] 形

もったいない

49

[無下] 名・形動

ひどい

＊「むげの＝ひどい」「むげに＝ひどく」の用例が多い。

50

めづ

42 空欄の定番語 ★★★

めでたし

43 空欄の定番語 ★★★

なほ

44 空欄の定番語 ★★★

さすがに

45 空欄の定番語 ★★★

わぶ

46 空欄の定番語 ★★★

わびし

47 空欄の定番語 ★★★

はかばかし

48 空欄の定番語 ★★★

あたらし

49 空欄の定番語 ★★

むげ(なり)

50 空欄の定番語 ★★

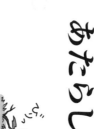

33

[晦日] 名

月末

＊おほつごもり〔大晦日〕＝年末

34

[密かなり] 形動

ひそか・こっそり

＊連用形「みそかに」の用例が多い。

35

[歩く] 動

歩く

36

[徒・徒歩] 名

徒歩

37

[痴なり] 形動

ばかだ・愚かだ

38

[—] 形

驚きあきれる

39

[愛無し・合無し] 形

①不愉快だ・つまらない
いやだ
②むやみに

＊②は連用形「あいなく」の場合のみ。

40

[有り難し] 形

めったにない

41

[—] 動

①大騒ぎする
②評判になる

＊②は超難関大学がまれに出題。

つごもり

33 一発必答語 ★★

みそかなり

34 一発必答語 ★★

ありく

35 一発必答語 ★★

かち

36 一発必答語 ★★

をこなり

37 一発必答語 ★★

あさまし

38 空欄の定番語 ★★★

あいなし

39 空欄の定番語 ★★★

ありがたし

40 空欄の定番語 ★★★

ののしる

41 空欄の定番語 ★★★

[時めく] 動

時流に乗って栄える
寵《ちょう》愛《あい》を受ける
重《ちょう》用《よう》される

24

[怠る] 動

病気がよくなる

25

[明らむ] 動

明らかにする

26

[頓] 名・形動

急

27

[逢ふ] 動

結婚する
深い仲になる

28

[許] 名

～のところへ

29

[隈無し] 形

一点の曇りもない

30

[飽く] 動

満足する

31

[片方] 名

そば・そばの人

32

ときめく

24 一発必答語 ★★

おこたる

25 一発必答語 ★★

あきらむ

26 一発必答語 ★★

とみ(なり)

27 一発必答語 ★★

あふ

28 一発必答語 ★★

がり

29 一発必答語 ★★

くまなし

30 一発必答語 ★★

あく

31 一発必答語 ★★

かたへ

32 一発必答語 ★★

[さはあれの約] 感

どうでもいい
どうにでもなれ
ままよ

15

[索索し] 形

物足りない・心寂しい

16

[—] 副

ほとんど～ない

17

[目守る] 動

見つめる・じっと見る

*「まぼる」の表記もある。

18

[年頃・年来] 名

長年・数年

19

[数多] 副

たくさん

20

[掻き暗す] 動

悲しみにくれる

21

[怪しうー・異しうー] 連語

悪くはない

22

[大人し] 形

大人らしい・分別《ふんべつ》がある
大人びている・大人っぽい

23

さはれ
さばれ

15 一発必答語 ★★★

さうざうし

16 一発必答語 ★★★

をさをさ〜 (打消)

17 一発必答語 ★★★

まもる

18 一発必答語 ★★★

としごろ

19 一発必答語 ★★★

あまた

20 一発必答語 ★★

かきくらす

21 一発必答語 ★★

けしう(は)あらず

22 一発必答語 ★★

おとなし

23 一発必答語 ★★

6

[実に] 副

本当に

7

[殊に] 副

特に

8

[離ら様なり] 形動

ちょっと
しばらくの間《あいだ》

9

[空言・虚言] 名

嘘《うそ》

10

[僻事] 名

間違い

11

[止む事無し] 形

身分が高い・尊い

*「やんごとなし」の表記もある。

12

[貴なり] 形動

高貴だ・上品だ

13

[験] 名

効果・効きめ

*「げん」とも言う。

14

[疎かなり] 形動

いいかげんだ
不十分だ

*慣用句
いふはおろかなり
=いくら言っても言い尽くせない
おもふもおろかなり
=いくら思っても思いが尽きない

げに

6 一発必答語 ★★★

ことに

7 一発必答語 ★★★

あからさまなり

8 一発必答語 ★★★

そらごと

9 一発必答語 ★★★

ひがこと
ひがごと

10 一発必答語 ★★★

やむごとなし

11 一発必答語 ★★★

あてなり

12 一発必答語 ★★★

しるし (名)

13 一発必答語 ★★★

おろかなり

14 一発必答語 ★★★

イラスト単語カードの使い方

❶ ポケットに入れて反復練習

- カードを持ち歩き、いつでもどこでも、そして何度でも反復しましょう。暗記のコツはラフにくり返すことです！
- どうしても思い出せなかったら、本書の解説を読み直して再チャレンジ！
- 表紙用のカード2枚と予備の白紙カード5枚が付いています。

❷ 組み替えて多角的にチェック

カードは並び替えることで、さまざまな角度から定着度をチェックできます。

- 設問パターン別（色別）
- 出題頻度順（★の数）
- 50音順・品詞別・逆引き　など

❸ イラストですらすら暗記！

すべてのカードにイラストが入っています。暗記のヒントに、積極的に活用してください。

完璧を目指して一度で挫折するより、
何度もくり返してやり遂げよう!!
荻野文子

イラスト単語カードの作り方

❶ 本からカード（別冊）全体をはずす。
❷ 中央の2か所の止め金を取り除く。
❸ ミシン目にそって1度折り目を付けてから、ヨコに切り離し、さらにタテに切って1枚ずつのカードにする。
❹ 左端中央の円部分をペンの先で押して穴をあけ、リングなどを通せば出来上がり。

[気色] 名

様子

＊「機嫌《きげん》」「意向《いこう》」などの意訳もある。

1

[影] 名

光

＊みずから光を発するものに限る。

2

[憂し] 形

つらい

3

[理] 名

道理

4

[理る・断る] 動

説明する

5

『マドンナ古文単語230』別冊

いつでも！どこでも！イラスト単語カード

MADONNA KOBUN

イラスト単語カード

name

MADONNA KOBUN-TANGO CARD 230

name

うし

3 一発必答語 ★★★

ことわり

4 一発必答語 ★★★

けしき

1 一発必答語 ★★★

かげ

2 一発必答語 ★★★

ことわる

5 一発必答語 ★★★